RITUAL DA PENITÊNCIA

Rituais Paulinas Editora

- Ritual do Batismo de crianças
- Ritual da Unção dos Enfermos e sua assistência pastoral
- A Sagrada Comunhão e o culto do Mistério Eucarístico fora da Missa
- Ritual da Penitência

Ilustrações: *Cláudio Pastro*

Paulinas
Rua Pedro de Toledo, 164
04039-000 – São Paulo – SP
Tel.: (0XX11) 5085-5199
Fax: (0XX11) 5085-5198
http://www.paulinas.org.br – editora@paulinas.org.br
Telemarketing: 0800-157412

© Pia Sociedade Filhas de São Paulo, São Paulo, 2000

RITUAL ROMANO

Renovado por Decreto do Concílio Vaticano II
e promulgado por autoridade do Papa Paulo VI

RITUAL DA PENITÊNCIA

*Tradução portuguesa para o Brasil
da segunda edição típica*

APROVAÇÃO

O texto da tradução portuguesa, para o Brasil, da nova edição do RITUAL DA PENITÊNCIA, publicado pela Paulinas Editora, concorda com os originais aprovados pela Comissão Episcopal para Exame e Aprovação das Traduções de Textos Litúrgicos (CEEATL) e confirmados pela Sagrada Congregação para o Culto Divino, a 31 de julho de 1975 (Prot. n. 439/75), juntamente com os Textos bíblicos para uso litúrgico, aprovados pela CETEL e confirmados pela Congregação para o Culto Divino e a Disciplina dos Sacramentos (Prot. n. CD 389/91).

Petrópolis, 17 de fevereiro de 1999.

Frei Alberto Beckhäuser, ofm
Coordenador de Traduções e Publicações
de Textos Litúrgicos da CNBB

PROMULGAÇÃO

Na qualidade de Presidente da Conferência Nacional dos Bispos do Brasil, tendo em vista a versão brasileira do RITUAL DA PENITÊNCIA, aprovada pela Comissão Episcopal para Exame e Aprovação das Traduções dos Textos Litúrgicos (CEEATL) e confirmada pela Sagrada Congregação para o Culto Divino a 31 de julho de 1975, Prot. n. 439/75, levamos ao conhecimento de todos e promulgamos os referidos atos, para que produzam todos os seus efeitos a partir do dia 1º de setembro de 1975.

Rio de Janeiro, 11 de agosto de 1975.

† Aloísio Lorscheider
Presidente da CNBB

APRESENTAÇÃO

Completando a série dos Rituais dos Sacramentos, renovados de acordo com a Constituição "Sacrosanctum Concilium", é agora publicado em vernáculo o da Penitência.

Raras vezes a pastoral de um sacramento dependeu tanto da renovação de um Ritual como no momento está dependendo a do sacramento da Penitência. Com efeito, se trata de um sacramento que, ao longo da história da Igreja, conheceu, em sua disciplina, vicissitudes e praxes diversificadas, e que se encontra, atualmente, mais que qualquer outro, em plena fase evolutiva, procurando sua verdadeira imagem. Todos lamentam o crescente afastamento deste sacramento por parte do povo cristão, ou a revolta dos que o dispensam dizendo que se confessam diretamente a Deus. Mas ninguém poderia pensar em voltar à disciplina e à pastoral deste sacramento anteriores ao Concílio.

A renovação que todos sentem indispensável tem seus rumos traçados neste Ritual. Aí se encontram a celebração individual da Penitência, a celebração comunitária com acusação dos pecados, e a celebração com acusação genérica dos pecados e absolvição geral, de acordo com as normas estabelecidas em 1972 pela Congregação para a Doutrina da Fé.

Se utilizadas, as Celebrações Penitenciais deverão exercer um influxo decisivo na formação de uma reta consciência penitencial por parte do povo fiel, e o Sacramento da Reconciliação deixará de ser mero apagador de pecados, ou mera ficha de caixa para receber a comunhão, a fim de assumir sua verdadeira figura de Celebração da Conversão, de magna importância na economia da vida cristã.

Deve-se esperar de uma criteriosa utilização do novo Ritual a superação da mentalidade que "coisifica" o pecado, que se perde em casuísmo, que abafa a liberdade trazida por Cristo, mas também a resistência a certas tendências atuais que descambam para a negação da existência do pecado, para a permissividade e o "facilitário".

A Sagrada Congregação para o Culto Divino, fusionada recentemente com a da Disciplina dos Sacramentos, pôde completar antes a renovação dos livros litúrgicos sob a orientação de Dom Annibale Bugnini. Este último prestou imensos serviços à Santa Igreja durante 11 anos, primeiro como Secretário do "Consilium ad exsequendam Constitutionem de Sacra

Liturgia" e, depois, como Secretário da Sagrada Congregação para o Culto Divino. Quanto trabalho teve, quantas esperas teve de suportar pacientemente, para que se pudesse dispor de um Ritual como este ora publicado! No momento em que deixa suas funções, é justo lembrar seu nome com saudade e gratidão.

Nova Friburgo, 3 de setembro de 1975.

† CLEMENTE JOSÉ CARLOS ISNARD, osb
Presidente da Comissão
Nacional de Liturgia

APRESENTAÇÃO DA 2ª EDIÇÃO REVISTA

A reedição do *Ritual da Penitência* situa-se no contexto da caminhada da Igreja no Brasil, rumo ao novo milênio. O Papa João Paulo II, neste terceiro ano preparatório para o Grande Jubileu do ano 2000, nos recorda que "o sentido do caminho para o Pai deverá impelir todos a empreenderem, na adesão a Cristo Redentor do gênero humano, um caminho de autêntica conversão, que compreende seja um aspecto 'negativo' com a libertação do pecado, seja um aspecto 'positivo' com a escolha do bem, expresso pelos valores éticos contidos na lei natural, confirmada e aprofundada pelo Evangelho. É este o contexto adequado para a descoberta e a intensa celebração do *Sacramento da Penitência*, no seu significado mais profundo" (TMA 50).

Assim, pois, neste ano dedicado a Deus Pai, ao sacramento da Penitência e à virtude teologal da caridade, somos chamados a redescobrir que "o anúncio da conversão, qual exigência imprescindível do amor cristão, é particularmente importante na sociedade atual, onde tantas vezes parecem perdidos os próprios fundamentos de uma visão ética da existência humana" (TMA 50).

A reedição deste Ritual da Penitência não traz nenhuma novidade em relação à edição anterior a não ser no que se refere a algumas pequenas mudanças exigidas pelo novo Código de Direito Canônico e aos textos bíblicos que foram revisados de acordo com as traduções aprovadas, atualmente em vigor.

O Espírito de Deus ajude para que a reedição deste Ritual venha imprimir novo impulso na pastoral litúrgica do Sacramento da Penitência como caminho de volta à casa do Pai e de lugar privilegiado de encontro com Cristo. A esse propósito diz-nos a Exortação Apostólica Pós-sinodal *Ecclesia in America:* Que os sacerdotes dediquem o devido tempo à celebração do sacramento da Penitência, e convidem com insistência e vigor os fiéis a recebê-lo, sem deixar eles próprios de recorrer pessoalmente o misterioso encontro com Cristo que perdoa no sacramento da Penitência, e são testemunhas privilegiadas do seu amor misericordioso" (n. 32).

Brasília, 25 de janeiro de 1999.
Festa da Conversão de São Paulo.

† GERALDO LYRIO ROCHA
Bispo de Colatina – ES
Responsável pela Dimensão Litúrgica na CNBB

SAGRADA CONGREGAÇÃO PARA O CULTO DIVINO

Prot. n. 439/75

PARA O BRASIL

Por solicitação do Excelentíssimo Sr. Dom Aloísio Lorscheider, Arcebispo de Fortaleza e Presidente da Conferência Episcopal do Brasil, feita em requerimento datado de 28 de fevereiro de 1975, em virtude das faculdades concedidas a esta Congregação pelo Sumo Pontífice Paulo VI, de bom grado aprovamos ou confirmamos a *tradução portuguesa* do *Ritual da Penitência*, conforme consta em exemplar anexo.

No texto a ser impresso, faça menção da confirmação concedida pela Sé Apostólica. Além disso, sejam enviados a esta Congregação dois exemplares do texto impresso.

Revogam-se as disposições em contrário.

Dado na Sede da Sagrada Congregação para o Culto Divino, a 31 de julho de 1975.

JAIME ROBERTO CARD. KNOX
Prefeito
VERGÍLIO NOÈ
Subsecretário

SAGRADA CONGREGAÇÃO PARA O CULTO DIVINO

Prot. n. 800/73

DECRETO

Nosso Senhor Jesus Cristo realizou pelo mistério de sua morte e ressurreição, a reconciliação entre Deus e os homens (cf. Rm 5,10). Este mistério da reconciliação foi sempre confiado à Igreja pelo Senhor, na pessoa dos Apóstolos (2Cor 5,18ss) e ela o realiza levando aos homens a boa nova da salvação e batizando-os na água e no Espírito Santo (cf. Mt 28,19).

Mas os cristãos, por causa da fragilidade humana, "abandonam a caridade primitiva" (cf. Ap 2,4), chegando pelo pecado a romper os laços de amizade com Deus. Por esta razão, para perdoar os pecados cometidos depois do Batismo, o Senhor instituiu um Sacramento especial de Penitência (cf. Jo 20,21-23), que a Igreja fielmente tem celebrado no correr dos séculos de maneiras diversas, conservando, porém, os seus elementos essenciais.

O Concílio Vaticano II estabeleceu o seguinte: "O rito e as fórmulas da Penitência sejam revistos de tal modo que expressem mais claramente a natureza e o efeito do Sacramento[1]. Em vista disto, a Sagrada Congregação para o Culto Divino preparou cuidadosamente o novo *Ritual da Penitência* de modo que os fiéis compreendam mais plenamente a ação deste Sacramento.

Neste novo Ritual, além do *Rito para reconciliação individual dos penitentes,* a fim de realçar o aspecto comunitário do Sacramento, foi elaborado o *Rito para reconciliação de vários penitentes,* no qual a confissão e a absolvição individuais são inseridas na celebração da Palavra de Deus. Além disso, para casos especiais, foi elaborado o *Rito para reconciliação de vários penitentes com confissão e absolvição geral,* segundo as Normas Pastorais sobre a absolvição sacramental geral da Sagrada Congregação para a Doutrina da Fé, de 16 de junho de 1972[2].

A Igreja se preocupa em convidar os fiéis a uma conversão e renovação constantes. Desejando que aqueles que caíram em pecado após o batismo reconheçam as faltas contra Deus e os irmãos e busquem uma verdadeira penitência como preparação para a celebração do Sacramento, exorta-os a tomarem parte de vez em quando nas celebrações penitenciais. Por isso esta Sagrada Congregação estabeleceu normas para

---

[1] Conc. Vat. II, Const. *Sacrosanctum Concilium,* n. 72: AAS 56 (1964), p. 118.
[2] Cf. AAS 64 (1972), pp. 510-514.

tais celebrações, e propôs modelos que as Conferências Episcopais poderão adaptar às necessidades locais.

Por esse motivo o Sumo Pontífice Paulo VI aprovou com sua autoridade o *Ritual da Penitência* elaborado pela Sagrada Congregação para o Culto Divino, e ordenou sua publicação, para que substitua os respectivos capítulos do Ritual Romano até agora vigentes. A edição latina do novo Ritual entrará em vigor logo que for publicada; as edições em vernáculo, depois de aprovadas pelas Conferências Episcopais e confirmadas pela Santa Sé, a partir das datas determinadas pelas mesmas Conferências.

Revogam-se as disposições em contrário.

Sede da Sagrada Congregação para o Culto Divino, dia 2 de dezembro de 1973, 1º domingo do Advento.

Por especial mandado do Sumo Pontífice.

João Card. Villot
Secretário de Estado

A. Bugnini
Arcebispo de Dioclécia
Secretário da S. C. para o Culto Divino

INTRODUÇÃO GERAL

I. MINISTÉRIO DA RECONCILIAÇÃO NA HISTÓRIA DA SALVAÇÃO

1. Manifestou o Pai a sua misericórdia, reconciliando o mundo consigo em Cristo, pacificando pelo sangue da sua cruz tanto as coisas da terra como as dos céu[1]. O Filho de Deus, feito homem, habitou entre os homens para livrá-los da servidão do pecado[2] e chamá-los das trevas à sua luz admirável[3]. Para isso, iniciou o seu ministério na terra, pregando a penitência, dizendo: "Fazei penitência e crede no Evangelho" (Mc 1,15).

    Este convite à penitência, já muitas vezes anunciado pelos profetas, preparou os corações dos homens para o advento do Reino de Deus pela voz de João Batista, que veio "proclamando um batismo de penitência para a remissão doas pecados" (Mc 1,4).

    Jesus, porém, não só exortou os homens à penitência a fim de que deixassem os pecados e de todo

---

[1] Cf. 2Cor 5,18s; Cl 1,20.
[2] Cf. Jo 8,34-36.
[3] Cf. 1Pd 2,9.

o coração se convertessem ao Senhor[4], mas também, acolhendo os pecadores, reconciliou-os com o Pai[5]. Além disso, curou os enfermos para manifestar seu poder de perdoar pecados[6]. Finalmente, morreu por nossos pecados, e ressuscitou para a nossa justificação[7]. Por isso, ao iniciar a sua paixão salvadora, na noite em que ia ser entregue[8] instituiu o sacrifício da Nova Aliança em seu sangue para a remissão dos pecados[9], e depois da sua ressurreição enviou o Espírito Santo sobre os Apóstolos a fim de possuírem o poder de perdoar ou reter os pecados[10], e receberem a missão de pregar em seu nome a penitência e o perdão dos pecados a todas as nações[11].

Obedecendo à ordem do Senhor, que lhes dissera: "Eu te darei as chaves do reino dos céus: tudo o que ligares na terra, será ligado nos céus, e tudo o que desligares na terra será desligado nos céus"

---

[4] Cf. Lc 15.

[5] Cf. Lc 5,20.27-32; 7,48.

[6] Cf. Mt 9,2-8.

[7] Cf. Rm 4,25.

[8] Cf. Missal Romano, *Prece Eucarística III*.

[9] Cf. Mt 26,28.

[10] Cf. Jo 20,19-23.

[11] Cf. Lc 24,47.

(Mt 16,19), Pedro, no dia de Pentecostes, pregou a remissão dos pecados por meio do batismo: "Fazei penitência... e cada um de vós seja batizado em nome de Jesus Cristo para a remissão dos vossos pecados" (At 2,38)[12]. Desde então, a Igreja jamais deixou de convidar os homens à conversão e a manifestarem a vitória de Cristo sobre o pecado pela celebração da penitência.

2. Esta vitória sobre o pecado refulge primeiro no batismo, pelo qual o velho homem é crucificado com Cristo para que, destruído o corpo do pecado, já não sirvamos ao pecado, mas, ressuscitados com Cristo, vivamos para Deus[13]. Por isso a Igreja professa a sua fé "num só batismo para a remissão dos pecados".

No sacrifício da Missa a paixão de Cristo se faz presente e a Igreja oferece de novo a Deus, para a salvação de todo o mundo, o Corpo que é entregue por nós e o sangue que é derramado para a remissão dos pecados. Na Eucaristia, Cristo está presente e se oferece como "vítima de nossa

---

[12] Cf. At 3,19.26;17,30.
[13] Cf. Rm 6,4-10.

reconciliação"[14] e para que "sejamos reunidos num só corpo"[15] pelo seu Espírito Santo.

Mas além disso, nosso salvador Jesus Cristo concedeu o poder de perdoar os pecados aos Apóstolos e a seus sucessores, instituindo o Sacramento da Penitência na sua Igreja, para que os fiéis, tendo caído em pecado após o Batismo, se reconciliem com Deus pela renovação da graça[16]. Pois a Igreja "além da água, possui as lágrimas: a água do batismo; as lágrimas da penitência"[17].

---

[14] Cf. Missal Romano, *Prece Eucarística III*.

[15] Cf. Missal Romano, *Prece Eucarística II*.

[16] Cf. Conc. de Trento, Sessão XIV, sobre o Sacramento da Penitência, cap. I: DENZ.-SCHÖN. 1668 e 1670; cân. 1: DENZ.-SCHÖN. 1701.

[17] SANTO AMBRÓSIO. *Epíst.* 41,12: *PL* 16,1116.

II. A RECONCILIAÇÃO DOS PENITENTES NA VIDA DA IGREJA

A Igreja santa e sempre necessitada de purificação

3. Cristo "amou a Igreja e por ela se entregou para santificá-la" (Ef 5,25-26), unindo-a a si como esposa[18]; a ela que é seu corpo e sua plenitude enche de seus dons divinos[19] e por ela distribui a todos a verdade e a graça.

Entretanto, os membros da Igreja estão sujeitos à tentação e, infelizmente muitas vezes caem em pecado. Por isso, "enquanto Cristo, santo, inocente, imaculado" (Hb 7,26), não conheceu o pecado (2Cor 5,21), mas veio para expiar os pecados do novo povo (Cf. Hb 2,17), a Igreja, santa e sempre necessitada de purificação, encerrando pecadores em seu seio, "busca sem cessar a penitência e a renovação"[20].

---

[18] Cf. Ap 19,7.

[19] Cf. Ef 1,22-23; Conc. Vat. II. Const. *Lumen Gentium*, n. 7; AAS 57 (1965), pp. 9-11.

[20] Conc. Vat. II, Const. *Lumen Gentium*, n. 8; ibid., p.12.

A penitência na vida e na liturgia da Igreja

4. De muitas e variadas maneiras o povo de Deus pratica e realiza esta contínua penitência. Participando da Paixão de Cristo pelos seus sofrimentos[21] e convertendo-se cada vez mais ao Evangelho de Cristo pela prática das obras de caridade e misericórdia[22], torna-se no mundo o sinal da conversão a Deus. A Igreja o expressa em sua vida e o celebra em sua liturgia, quando os fiéis se reconhecem pecadores e imploram o perdão de Deus e dos irmãos, como sucede nas celebrações penitenciais, na proclamação da palavra de Deus, na oração e nos elementos penitenciais da celebração eucarística[23].

Com efeito, no sacramento da Penitência os fiéis "obtêm da misericórdia divina o perdão da ofensa feita a Deus, e ao mesmo tempo são reconciliados com a Igreja, que eles feriram pelo pecado e que colabora para sua conversão com a caridade, o exemplo e as orações"[24].

---

[21] Cf. 1Pd 4,13.

[22] Cf. 1Pd 4,8.

[23] Cf. Conc. de Trento, Sessão XIV, sobre o Sacramento da Penitência, DENZ.-SCHÖN. 1638, 1740, 1743; S. Congr. dos Ritos, Instr. *Eucharisticum mysterium*, 25 de maio de 1967, n. 235 AAS 59 (1967), pp. 560-562, p. Missal Romano *Instrução Geral* n. 29, 30, 56 a,b,g.

[24] Conc. Vat. II, Const. *Lumen Gentium*, n. 11: AAS 57 (1965), pp. 15-16.

Reconciliação com Deus e com a Igreja

5. Como o pecado é uma ofensa a Deus que destrói a amizade com ele, a penitência "busca, em última análise, que amemos intensamente a Deus e nos entreguemos totalmente a ele"[25]. Por isso o pecador que pela graça de Deus misericordioso trilha o caminho da penitência regressa ao Pai que "nos amou primeiro" (1Jo 4,19), ao Cristo que se entregou por nós[26] e ao Espírito Santo que nos foi dado em profusão[27].

Mas "por insondável e gratuito mistério da divina disposição acham-se os homens de tal modo sobrenaturalmente unidos entre si que o pecado de um prejudica aos outros, como também a santidade de um traz benefícios aos outros"[28]. Deste modo a penitência exige sempre a reconciliação com os irmãos, aos quais o pecado prejudica.

Ainda mais, assim como os homens freqüentemente colaboram entre si na prática do mal, tam-

---

[25] Paulo VI, Const. Apost. *Paenitemini*, 17 de fevereiro de 1966: AAS 58 (1966), p. 179; cf. Conc. Vat. II, Const. *Lumen Gentium* n. 11: AAS 57 (1965), pp. 15-16.

[26] Cf. Gl 2,20; Ef 5,25.

[27] Cf. Tt 3,6.

[28] Paulo VI, Const. Apost. *Indulgentiarum doctrina*, 1º de janeiro de 1967, n. 4: AAS 59 (1967), p. 9; cf. Pio XII, Lit. encicl. *Mystici Corporis*, de 29 de junho de 1943: AAS 35 (1943), p. 213.

bém se ajudam mutuamente na penitência, a fim de que, livres do pecado pela graça de Cristo e unidos a todos os homens de boa vontade, realizem no mundo a justiça e a paz.

O sacramento da penitência e suas partes

6. O discípulo de Cristo que, após o pecado, se aproxima, movido pelo Espírito Santo, do sacramento da penitência, deve antes de tudo voltar-se para Deus de todo o coração. Esta conversão interior, que compreende a contrição do pecado e o propósito de uma vida nova, se expressa pela confissão feita à Igreja, pela necessária satisfação e pela mudança de vida. E deus concede a remissão dos pecados por meio da Igreja, que atua pelo ministério dos sacerdotes[29].

a) Contrição

Entre os atos do penitente ocupa o primeiro lugar a contrição, ou seja "a dor da alma e a detestação

---

[29] Cf. Conc. de Trento, Sessão XIV, sobre o Sacramento da Penitência, cap. I: DENZ.-SCHÖN. 1673-1675.

do pecado cometido, com o propósito de não mais pecar"[30]. Com efeito, "ao Reino anunciado por Cristo só se pode chegar mediante a 'metanóia', isto é, através da íntima mudança do homem todo pela qual ele começa a pensar, julgar e dispor a sua vida levado por aquela santidade e caridade de Deus, que foram manifestadas nos últimos tempos (cf. Hb 1,2; Cl 1,19 etc.; Ef 1,23 etc)"[31].

Desta contrição interior depende a autenticidade da penitência. A conversão deve atingir intimamente o homem para iluminá-lo cada dia com maior intensidade e configurá-lo cada vez mais ao Cristo.

b) Confissão

Do sacramento da penitência faz parte a confissão das culpas que procede do verdadeiro conhecimento de si mesmo diante de Deus, e da contrição dos pecados. Mas este exame de consciência e a acusação externa devem ser feitos à luz da misericórdia de Deus. No entanto a confissão exige do penitente a vontade de abrir seu coração ao minis-

---

[30] Idem, capítulo 4: DENZ. SCHÖN. 1676.

[31] Paulo VI, Const. Apost. *Paenitemini*, 17 de fevereiro de 1966: AAS 58 (1966), p. 179.

tro de Deus; e da parte deste, um julgamento espiritual pelo qual, agindo em nome de Cristo, pronuncia, em virtude do poder das chaves, a sentença da remissão ou da retenção dos pecados[32].

c) *Satisfação*

A verdadeira conversão se completa pela satisfação das culpas, pela mudança de vida e pela reparação do dano causado[33]. As obras e a medida da satisfação devem adaptar-se a cada penitente para que cada um restaure a ordem que lesou e possa curar-se com o remédio adequado. É necessário, por conseguinte, que a satisfação imposta seja realmente remédio para o pecado e, de algum modo, renovação de vida. Assim, o penitente, esquecendo o que passou (Fl 3,13), integra-se de novo no ministério da salvação lançando-se para a frente.

d) *Absolvição*

Ao pecador que manifestou sua conversão ao ministro da Igreja pela confissão sacramental Deus

---

[32] Cf. Conc. de Trento, Sessão XIV, sobre o Sacramento da Penitência, cap. 5: DENZ. SCHÖN. 1679.

[33] Cf. Conc. de Trento, Sessão XIV, sobre o Sacramento da Penitência, cap. 8: DENZ. SCHÖN. 1690-1692. Paulo VI, Const. Apost. *Indulgentiarum doctrina*, 1º de janeiro de 1967, n. 2-3; AAS 59 (1967), pp. 6-8.

concede o perdão mediante o sinal da absolvição, e assim se realiza o sacramento da Penitência. Pois, segundo o plano salvífico divino, pelo qual apareceram aos homens visivelmente a humanidade e a bondade de Deus nosso Salvador[34], Deus quer conceder-nos a salvação e renovar a aliança rompida por meio de sinais visíveis.

Assim pois, pelo sacramento da penitência, o Pai acolhe o seu filho que regressa; Cristo coloca sobre os ombros a ovelha perdida, reconduzindo-a ao redil; e o Espírito Santo santifica de novo seu templo ou passa a habitá-lo mais plenamente. Isto se manifesta finalmente na participação freqüente ou mais fervorosa na mesa do Senhor, havendo grande júbilo na Igreja de Deus pela volta do filho distante[35].

Necessidade e utilidade deste sacramento

7. Assim como é vária e múltipla a ferida do pecado na vida dos indivíduos e da comunidade, assim

---

[34] Cf. Tt 3,4-5
[35] Cf. Lc 15,7.10.32.

também é diverso o remédio que nos é proporcionado pela penitência. Pois, os que pelo pecado grave se apartaram da comunhão com a caridade de Deus são reconduzidos pelo sacramento da Penitência à vida que haviam perdido. Quanto aos que caem em pecados veniais, sentindo sua fragilidade na vida cotidiana, adquirem forças pela celebração freqüente da penitência, para alcançar a plena liberdade dos filhos de Deus.

a) Por disposição de Deus misericordioso, o fiel, para receber o remédio salutar do sacramento da Penitência, deve confessar ao sacerdote todos e cada um dos pecados graves de que se recorda depois de examinar sua consciência[36].

b) Também, o uso freqüente e fervoroso deste sacramento é muito útil contra os pecados veniais. Pois não se trata de mera repetição ritual, nem de uma espécie de exercício psicológico, mas de um esforço assíduo para aperfeiçoar a graça do batismo, a fim de que, trazendo em nosso corpo a mortificação de Cristo, a vida de Jesus se manifeste cada vez mais em nós[37]. Nestas confissões os penitentes, enquanto se acusam de faltas

---

[36] Cf. Conc. de Trento, Sessão XIV, sobre o Sacramento da Penitência, cân. 7-8. DENZ. SCHÖN. 1707-1708.

[37] Cf. 2Cor 4,10.

veniais, devem preocupar-se sobretudo em assemelhar-se mais plenamente a Cristo e em obedecer com maior atenção à voz do Espírito Santo.

Contudo, para que este sacramento de salvação produza realmente seus efeitos nos fiéis cristãos, deve lançar raízes em toda sua vida, impelindo-os a servir com maior fervor a Deus e a seus irmãos.

Assim, a celebração deste sacramento é sempre uma ação pela qual a Igreja proclama a sua fé, dá graças a Deus pela liberdade com que Cristo nos libertou[38], e oferece sua vida como sacrifício espiritual para o louvor da glória de Deus, enquanto se apressa ao encontro de Cristo.

---

[38] Cf. Gl 4,31.

III. FUNÇÕES E MINISTÉRIOS NA RECONCILIAÇÃO DOS PENITENTES

Função da comunidade na celebração da penitência

8. A Igreja inteira, como povo sacerdotal, age de diversos modos no exercício da obra de reconciliação que Deus lhe confiou. Por que, não somente chama à penitência por meio da pregação da palavra de Deus, como intercede pelos pecadores e com solicitude maternal ajuda o penitente a reconhecer e confessar suas faltas, para alcançar a misericórdia de Deus, único que pode perdoar os pecados. Mas a própria Igreja torna-se instrumento da conversão e da absolvição do penitente pelo ministério que Cristo confiou aos Apóstolos e a seus sucessores[39].

---

[39] Cf. Mt 18,18; Jo 20,23.

O ministro do sacramento da penitência

9. a) A Igreja exerce o ministério do sacramento da penitência por meio dos bispos e presbíteros, que pela pregação da palavra de Deus, chamam os fiéis à conversão, anunciando-lhes e concedendo-lhes o perdão dos pecados em nome de Cristo e pelo poder do Espírito Santo. No exercício desse ministério, os presbíteros agem em comunhão com o bispo, de cujo poder e ofício participam, pois o bispo é o moderador da disciplina penitencial[40].

b) O ministro competente do sacramento da penitência é o sacerdote com faculdade para absolver segundo as normas dos cânones 967-975 do CIC. Todos os sacerdotes porém, ainda que não aprovados para ouvir confissões, absolvem de forma válida e lícita a qualquer penitente em perigo de morte.

---

[40] Cf. Conc. Vat. II, Const. *Lumen Gentium*, n. 26; AAS 57 (1965), pp. 31-32.

Exercício pastoral deste ministério

10. a) Para que o confessor possa desempenhar fiel e retamente o seu ofício, deve discernir as enfermidades espirituais, aplicar-lhes os remédios convenientes e exercer com sabedoria seu ofício de juiz; deve adquirir a ciência e a prudência necessárias, pelo estudo assíduo guiado pelo Magistério da Igreja, e sobretudo recorrendo a Deus pela oração. Pois o discernimento dos espíritos é o conhecimento íntimo da ação de Deus no coração dos homens, dom do Espírito Santo e fruto da caridade[41].

b) O confessor deve mostrar-se disposto a ouvir as confissões dos fiéis, sempre que o peçam de modo razoável[42].

c) Quando o confessor acolhe o penitente e o conduz à luz da verdade, desempenha uma função paterna, revelando aos homens o coração de Deus Pai, e tornando-se a imagem de Cristo Pastor. Deve recordar-se, por conseguinte, que lhe foi confiado o mesmo ministério de Cristo, que cum-

---

[41] Cf. Fl 1,9-10.

[42] Cf. S. Congr. da Doutrina da Fé, *Normas pastorais sobre a absolvição sacramental concedida de modo geral*, 16 de junho de 1972, n. XII: AAS 64 (1972), p. 514.

priu misericordiosamente a obra da redenção para salvar os homens, e está presente, pelo seu poder, nos sacramentos[43].

d) O confessor sabendo que conheceu, na qualidade de ministro de Deus, a consciência secreta de seu irmão, está obrigado a guardar religiosamente o sigilo sacramental.

O próprio penitente

11. Muito importantes são as funções desempenhadas pelo penitente no sacramento.

Quando, pois, se aproxima com as devidas disposições deste remédio de salvação instituído por Cristo e confessa seus pecados, toma parte com seus atos no próprio sacramento, que se consuma com as palavras da absolvição, pronunciadas pelo ministro em nome de Cristo.

Assim o fiel, enquanto experimenta e proclama em sua vida a misericórdia de Deus, celebra junto com o sacerdote a liturgia de uma Igreja que continuamente se renova.

---

[43] Cf. Conc. Vat. II, Const. *Sacrosanctum Concilium*, n. 7: AAS 56 (1964), pp. 100-101, n. 35; AAS 59 (1967), pp. 560-561.

IV. CELEBRAÇÃO DO SACRAMENTO DA PENITÊNCIA

Lugar da celebração

12. O sacramento da penitência, a não ser que haja justa causa, normalmente é celebrado na igreja ou oratório.

Quanto ao confessionário, estabeleçam-se normas pela Conferência dos Bispos, cuidando-se, porém, que haja sempre em lugar visível confessionários com grades fixas entre o penitente e o confessor, dos quais possam usar livremente os fiéis que o desejarem[*].

Não se ouçam confissões fora do confessionário, a não ser por justa causa[43a].

---

[*] Na 14ª Assembléia Geral dos Bispos do Brasil ficou aprovado em votação que "o local normal para ouvir confissões seja o confessionário tradicional ou outro recinto apropriado".
Seja no entanto providenciado um lugar discreto, anexo ao corpo da própria igreja e de fácil acesso, para que os fiéis, ao entratrem e saírem do templo, possam ver claramente o "recinto apropriado" ou uma clara indicação deste e assim se sintam convidados à prática do sacramento da penitência".

[43a] Cf. CIC, cân. 964.

Tempo de celebração

13. A reconciliação dos penitentes pode ser celebrada em qualquer tempo e dia. Convém entretanto que os fiéis saibam em que horário o sacerdote está presente para exercer este ministério. Cuide-se de que os fiéis se acostumem a procurar o sacramento da Penitência em horas marcadas fora da celebração da Missa[44].

O tempo da Quaresma é o mais apropriado para celebração do sacramento da Penitência, porque desde a Quarta-feira de Cinzas ressoa o solene convite ao povo de Deus: "Fazei penitência e crede no Evangelho". Convém pois que se instituam várias celebrações penitenciais durante a Quaresma, para que todos os fiéis tenham oportunidade de se reconciliar com Deus e com os irmãos, celebrando de coração renovado o ministério pascal no Tríduo sagrado.

Vestes sagradas

14. Quanto às vestes litúrgicas para a celebração da Penitência observem-se as normas dos Ordinários locais.

---

[44] Cf. S. Congr. dos Ritos, Instr. *Eucharisticum mysterium*, 25 de maio de 1967, n. 35; AAS 59 (1967), pp. 560-561.

INTRODUÇÃO GERAL

A. Rito para a reconciliação individual dos penitentes

Preparação do sacerdote e do penitente

15. O sacerdote e o penitente preparam-se para celebrar o sacramento, sobretudo pela oração. O sacerdote invocará o Espírito Santo para receber dele a luz e a caridade; por sua vez, o penitente confrontará a sua vida com o exemplo e os mandamentos de Cristo e rogará a Deus o perdão de sua faltas.

Acolhida do penitente

16. O sacerdote acolherá o penitente com amor fraterno e, se for o caso, o saudará cordialmente. Em seguida, o penitente faz o sinal da cruz, dizendo: *Em nome do Pai e do Filho e do Espírito Santo. Amém.*

O sacerdote pode fazê-lo junto com o penitente. Depois o sacerdote, com uma breve fórmula, exorta o penitente à confiança em Deus. O penitente, sobretudo se for desconhecido do confessor, indicar-lhe-á oportunamente seu estado de vida, quando foi a última confissão, as dificuldades encontradas para levar uma vida cristã, e o que possa servir ao confessor para desempenhar seu ministério.

Leitura da palavra de Deus

17. Então o sacerdote ou o próprio penitente, se for oportuno, lê algum texto da Sagrada Escritura, o que pode ser feito também na própria preparação para o sacramento. A palavra de Deus ilumina o fiel para o reconhecimento de seus pecados, chama-o à conversão e leva-o a confiar na misericórdia divina.

Confissão dos pecados e aceitação da satisfação

18. O penitente confessa os pecados, começando, onde for costume, pela fórmula geral da confissão: *Confesso a Deus*. O sacerdote, se for preciso, irá ajudá-lo a fazer uma confissão íntegra, exortá-lo-á a um sincero arrependimento das ofensas a Deus; e finalmente, com oportunos conselhos, ajudá-lo-á a começar uma vida nova, instruindo-o, na medida do necessário, sobre seus deveres de cristão.

Se o penitente causou dano ou escândalo a alguém, fará com que se comprometa a repará-los devidamente.

Em seguida, o sacerdote impõe ao penitente uma satisfação, que não será apenas expiação pelas faltas passadas, mas também ajuda para uma vida nova e remédio para sua fraqueza, devendo por isso corresponder, quanto possível, à gravidade e à natureza dos pecados. A satisfação consistirá em orações, mortificações e sobretudo na ajuda ao próximo e em obras de misericórdia, que põem em evidência o aspecto social do pecado e do perdão.

Oração do penitente e absolvição sacerdotal

19. Depois disto o penitente manifesta sua contrição e o propósito de levar uma vida nova, por meio de alguma oração, onde implora o perdão a Deus Pai. Convém que esta oração conste de palavras da Escritura.

Após esta oração, o sacerdote estende suas mãos, pelo menos a direita, sobre a cabeça do penitente pronunciando a fórmula da absolvição, cujas palavras essenciais são as seguintes: EU TE ABSOLVO DOS TEUS PECADOS, EM NOME DO PAI, E DO FILHO, E DO ESPÍRITO SANTO. Ao dizer estas últimas palavras, o sacerdote faz o sinal da cruz sobre o penitente. A fórmula da absolvição (cf. n. 46, p. 77) mostra que a reconciliação do penitente procede da misericórdia do Pai; indica o nexo entre a reconciliação do pecador e o mistério pascal de Cristo; exalta a ação do Espírito Santo no perdão dos pecados, e finalmente evidencia o aspecto eclesial do sacramento, uma vez que a reconciliação com Deus é solicitada e concedida pelo ministério da Igreja.

Proclamação de louvor e despedida do penitente

20. Depois de receber o perdão dos pecados, o penitente proclama a misericórdia de Deus e lhe rende graças em breve aclamação tirada da Sagrada Escritura; em seguida o sacerdote o despede com a paz de Cristo.

Contudo o penitente prosseguirá sua conversão manifestando-a numa vida segundo o Evangelho de Cristo, e cada vez mais impregnada do amor a Deus, pois "a caridade cobre a multidão dos pecados" (1Pd 4,8).

Rito abreviado

21. Quando a necessidade pastoral o aconselhar, o sacerdote pode omitir ou abreviar algumas partes do rito, sempre mantendo integralmente: a confissão dos pecados, a aceitação da satisfação, o convite à contrição (n. 44) e as fórmulas da absolvição

e da despedida. Em perigo de morte iminente, basta que o sacerdote diga as palavras essenciais da fórmula da absolvição, ou seja: EU TE ABSOLVO DOS TEUS PECADOS, EM NOME DO PAI, E DO FILHO, E DO ESPÍRITO SANTO.

B. Rito para a reconciliação de vários penitentes com confissão e absolvição individuais

22. Quando vários penitentes se reúnem para a reconciliação sacramental, convém que se preparem por uma celebração da palavra de Deus.

Podem participar da mesma celebração outros fiéis que só se aproximarão do sacramento em outra ocasião.

A celebração em comum manifesta mais claramente a natureza eclesial do sacramento. Pois os fiéis ouvem juntos a palavra de Deus que, proclamando a misericórdia divina, os convida à conversão, levando-os a confrontarem com ela a sua vida e se ajudarem com a oração recíproca. Depois de cada um confessar seus pecados e receber a absolvição, louvam juntos a Deus pelas maravilhas realizadas em favor do povo que adquiriu com o sangue de seu Filho.

Cuide-se de que haja vários sacerdotes para, em lugares adequados, ouvir e reconciliar cada fiel.

Ritos iniciais

23. Reunidos os fiéis, entoa-se, se for oportuno, um canto apropriado. O sacerdote saúda os fiéis e, se for o caso, ele mesmo ou outro ministro os introduz brevemente na celebração, orientando-os sobre o desenvolvimento da mesma. Convida todos a orar e, depois de um momento de silêncio, conclui a oração.

Celebração da palavra de Deus

24. Convém que o sacramento da Penitência comece com a audição da Palavra, pela qual Deus chama à penitência e conduz à verdadeira conversão interior.

Podem escolher-se uma ou várias leituras. Sendo várias, intercala-se um salmo, um canto apropriado, ou então um momento de silêncio, para que a palavra de Deus seja bem assimilada e aceita interiormente. Se houver uma só leitura, convém que seja do Evangelho.

Escolham-se de preferência leituras com os seguintes temas:

a) a voz de Deus que convida os homens à conversão e à maior configuração com Cristo;

b) o ministério da reconciliação pela morte e ressurreição de Cristo pelo dom do Espírito Santo;

c) o juízo de Deus sobre o bem e o mal na vida dos homens para esclarecimento e exame da consciência.

25. A homilia, baseando-se no texto da Escritura, deve conduzir os penitentes ao exame de consciência, à aversão ao pecado e à conversão a Deus. Deve também lembrar aos fiéis que o pecado atua contra Deus, contra a comunidade e o próximo, e contra o próprio pecador. Por isso é bom recordar:

a) a infinita misericórdia de Deus, que supera todas as nossas iniqüidades e que não se cansa de chamar-nos de volta;

b) a necessidade da penitência interior, pela qual também nos dispomos a reparar os danos causados pelo pecado;

c) o aspecto social da graça e do pecado, que leva os atos de cada um a repercutir em todo o corpo da Igreja;

d) o sentido da satisfação que recebe sua força da satisfação do próprio Cristo, e exige sobretudo, além das obras da penitência, a prática da verdadeira caridade diante de Deus e do próximo.

26. Terminada a homilia, será oportuno um tempo de silêncio para se realizar o exame de consciência e despertar a verdadeira contrição dos pecados. O presbítero, o diácono ou outro ministro pode vir em auxílio dos fiéis com breves palavras ou uma prece litânica, atendendo-se a sua condição, idade etc.

Caso se julgue conveniente, este exame de consciência em comum e o despertar da contrição podem substituir a homilia; mas devem inspirar-se claramente no texto da Escritura lido anteriormente.

Rito da reconciliação

27. A convite do diácono ou outro ministro, todos se ajoelham ou se inclinam e recitam a fórmula da confissão geral (por exemplo: *Confesso a Deus*); a seguir, de pé se for oportuno, recitam uma oração litânica ou entoam um canto apropriado que expressem a confissão dos pecados, a contrição interior, o pedido do perdão e a confiança na misericórdia de Deus. Ao final reza-se a oração do Senhor, que nunca será omitida.

28. Terminado o *Pai-nosso*, os sacerdotes dirigem-se aos lugares destinados às confissões. Os penitentes que desejam se confessar aproximam-se do

sacerdote escolhido por eles e, recebida a devida penitência, são absolvidos pelo mesmo com a fórmula para a reconciliação de um só penitente.

29. Terminadas as confissões, os sacerdotes regressam ao presbitério. O que preside a celebração convida todos à ação de graça, pela qual os fiéis proclamam a misericórdia de Deus, o que se pode fazer com um salmo, um hino ou uma oração litânica. Por fim o sacerdote conclui com uma oração, louvando a Deus pela infinita caridade com que nos amou.

Despedida do povo

30. Concluída a ação de graças, o sacerdote abençoa os fiéis. O diácono ou o próprio sacerdote despede a assembléia.

C. Rito para a reconciliação de penitentes com confissão e absolvição geral

Disciplina da absolvição geral

31. A confissão individual e íntegra e a absolvição constituem o único modo ordinário com o qual o fiel, consciente de pecado grave, se reconcilia com Deus e com a Igreja; somente a impossibilidade física ou moral escusa de tal confissão; neste caso, pode haver a reconciliação também por outros modos.

Não se pode dar a absolvição ao mesmo tempo a vários penitentes sem prévia confissão individual, a não ser que:

a) haja iminente perigo de morte e não haja tempo para que o sacerdote ou sacerdotes ouçam a confissão de cada um dos penitentes;

b) haja grave necessidade, isto é, quando por causa do número de penitentes não há número suficiente de confessores para ouvirem as confissões de cada um, dentro de um espaço de tempo razoável, de tal modo que os penitentes, sem culpa própria, seriam forçados a ficar muito tempo sem a graça sacramental ou sem a sagrada comunhão; essa necessidade, porém, não se considera suficiente, quando não é possível ter os confessores necessários só pelo fato de grande concurso de penitentes, como pode acontecer numa grande festividade ou peregrinação[45].

32. Julgar sobre a existência das condições requeridas no n. 31 acima, compete ao bispo diocesano que, levando em conta os critérios concordados com os outros membros da Conferência dos Bispos, pode determinar os casos de tal necessidade[46].

33. Para que um fiel possa receber validamente a absolvição dada simultaneamente a muitos, requer-se não só que esteja devidamente disposto, mas que ao mesmo tempo se proponha também a confessar individualmente, no tempo devido, os pecados graves que no momento não pode assim confessar.

Os fiéis, enquanto possível, também no momento de receber a absolvição geral, sejam instruídos sobre os requisitos acima enunciados, e à absolvição geral, mesmo em caso de perigo de morte, se houver tempo, preceda uma exortação para que cada um cuide de fazer o ato de contrição[47].

---

[45] Cf. CIC, cân. 960 e 961 § 1.
[46] Cf. CIC, cân. 961 § 2.
[47] Cf. CIC, cân. 962, cân. 962 §§ 1 e 2.

34. Aqueles que tiveram pecados graves perdoados pela absolvição geral, ao surgir oportunidade, devem procurar, quanto antes, a confissão individual. Em todo caso, devem ir ao confessor dentro de um ano, se não for moralmente impossível. Pois também vigora para eles o preceito de que todo cristão deve confessar ao sacerdote um vez por ano, todos os pecados, isto é, as faltas graves, que não houver confessado individualmente[48].

Rito da absolvição geral

35. Para reconciliar os penitentes mediante a confissão e absolvição gerais nos casos estabelecidos pelo direito, procede-se como para a reconciliação de vários penitentes com confissão e absolvição individuais, exceto o seguinte:

a) Na homilia ou logo após, admoestam-se os fiéis que desejam receber a absolvição geral, a se prepararem convenientemente, isto é, que arrependidos dos seus pecados tenham o propósito de

---

[48] Cf. S. Congr. para a Doutrina da Fé, *Normas pastorais sobre a absolvição sacramental concedida de modo geral,* 16 de junho de 1972, n. VII e VIII: AAS 64 (1972), pp. 512-513; CIC, cân. 963; 989.

não mais cometê-los, de reparar os danos e escândalos causados e de confessar individualmente, em tempo oportuno os pecados graves que no momento não podem confessar[49]; propõe-se além disso a todos uma satisfação que devem cumprir, podendo cada um acrescentar o que desejar.

b) Em seguida o diácono, outro ministro ou o próprio sacerdote, convida os penitentes que desejam receber a absolvição, a manifestá-lo por um sinal (por exemplo, inclinando a cabeça, ou ajoelhando-se, ou por outro sinal estabelecido pelas Conferências Episcopais), recitando em comum uma fórmula de confissão geral (por exemplo, *Confesso a Deus*), podendo haver, em seguida, uma oração litânica ou um canto penitencial; finalmente todos recitarão ou cantarão o *Pai-nosso*, como se disse no n. 27.

c) Então o sacerdote recita a fórmula que invoca a graça do Espírito Santo para a remissão dos pecados, proclama a vitória sobre o pecado pela morte e ressurreição de Cristo, dando a absolvição sacramental aos penitentes.

d) Por fim, o sacerdote convida para a ação de graças como foi dito no n. 29, e omitida a oração conclusiva, abençoa e despede o povo.

---
[49] Cf. Idem, n. VI, p. 512.

V. CELEBRAÇÕES PENITENCIAIS

Natureza e estrutura

36. Celebrações penitencias são reuniões do povo de Deus para ouvir a sua palavra que convida à conversão e à renovação de vida, proclamando também nossa libertação do pecado pela morte e ressurreição de Cristo. Sua estrutura é a mesma das celebrações da palavra de Deus[50], proposta no *Rito para reconciliação de vários penitentes*.

Convém que depois do rito inicial (canto, saudação e oração) sejam feitas uma ou várias leituras da Sagrada Escritura, intercaladas de cantos, salmos ou momentos de silêncio, que serão explicadas e aplicadas aos fiéis pela homilia. Nada obsta que antes ou depois das leituras bíblicas sejam lidos trechos dos Santos Padres ou de outros escritores que levem realmente a comunidade e cada um a um verdadeiro conhecimento do pecado e a uma sincera contrição interior, que conduzam à conversão.

---

[50] Cf. S. Congr. dos Ritos, Instr. *Inter Oecumenici*, 26 de setembro de 1964, n. 37-39: AAS 56 (1964), pp. 110-111.

Após a homilia e a meditação da palavra de Deus, convém que a assembléia dos fiéis reze num só espírito e numa só voz, mediante alguma prece litânica ou outra maneira de promover a participação. Ao final sempre se rezará o *Pai-nosso,* para que Deus, nosso Pai, "perdoe nossas ofensas assim como nós perdoamos aos que nos têm ofendido... e nos livre do mal". O sacerdote, ou ministro que preside, conclui com a oração e despede o povo.

Utilidade e importância

37. Deve-se cuidar que os fiéis não confundam estas celebrações com a celebração do sacramento da penitência[51]. Estas celebrações penitenciais, porém são sumamente úteis para levar à conversão e purificação interior[52].

 Convém realizar esta celebrações penitenciais principalmente:

 – para fomentar o espírito de penitência na comunidade cristã;

---

[51] Cf. S. Congr. da Doutrina da Fé, *Normas pastorais sobre a absolvição sacramental concedida de modo geral*, 16 de junho de 1972, n. X: AAS 64 (1972), pp. 513-514.
[52] Idem.

- para ajudar os fiéis a preparar a confissão que cada um poderá fazer oportunamente;
- para educar as crianças a adquirirem gradualmente a consciência do pecado na vida humana e da libertação do pecado por Cristo;
- para ajudar os catecúmenos em sua conversão.

Além disso, onde não houver nenhum sacerdote disponível para conceder a absolvição sacramental, são utilíssimas as celebrações penitenciais, por despertar nos fiéis uma contrição perfeita nascida da caridade, pela qual, com o desejo de receber mais tarde o sacramento da penitência, possam conseguir a graça de Deus[53].

---

[53] Cf. Conc. de Trento, Sessão XIV, sobre o Sacramento da Penitência, capítulo 5: DENZ. SCHÖN. 1677.

VI. ADAPTAÇÕES DO RITO ÀS DIVERSAS REGIÕES E CIRCUNSTÂNCIAS

Adaptações que podem ser feitas pelas Conferências Episcopais

38. Compete às Conferências dos Bispos, ao preparar os Rituais particulares, adaptar este *Ritual da Penitência* às necessidades de cada região para que, aprovadas as decisões pela Sé Apostólica, seja utilizado em suas respectivas regiões. Compete, pois, às Conferências dos Bispos:
    a) Estabelecer as normas sobre a disciplina do sacramento da penitência, principalmente no que concerne ao ministério dos sacerdotes;
    b) Determinar com maior precisão as normas quanto ao confessionário para a celebração ordinária do sacramento da penitência (cf. n.12) e aos sinais que devem ser manifestados pelos fiéis por ocasião da absolvição geral (cf. n. 35);
    c) Preparar as versões dos textos, adaptando-as à índole e língua de cada povo, como também compor novos textos tanto para as orações dos fiéis como do ministro, mantendo intacta a fórmula sacramental.

O que compete ao bispo

39. Compete ao bispo diocesano:

a) Dirigir a disciplina penitencial em sua diocese[54], inclusive com oportunas adaptações do próprio rito, conforme as normas propostas na Conferência Episcopal.

b) Determinar, observadas as condições estabelecidas pelo direito (cf. n. 31), e levando em conta os critérios concordados com os outros membros da Conferência dos Bispos, os casos de necessidade em que seja lícito conceder a absolvição sacramental dada conjuntamente[55].

Adaptação que compete ao ministro

40. Compete aos presbíteros, sobretudo aos párocos:

a) Adaptar o rito da reconciliação, tanto individual como comunitária, às circunstâncias concretas dos

---

[54] Cf. Conc. Vat. II, Const. *Lumen Gentium*, n. 26; AAS 57 (1965), pp. 31-32.

[55] Cf. S. Congr. da Doutrina da Fé, *Normas pastorais sobre a absolvição sacramental concedida de modo geral*, 16 de junho de 1972, n. V: AAS 64 (1972), p. 512; CIC, cân. 961, §§ 1 e 2.

penitentes, mantendo a estrutura essencial e a fórmula íntegra da absolvição; omitindo algumas partes, se necessário, por razões pastorais; enriquecendo outras com a escolha de novas leituras e orações; determinando o lugar mais apropriado para a celebração, segundo as normas estabelecidas pelas Conferências Episcopais. Desta forma toda a celebração se tornará ao mesmo tempo mais útil e frutuosa.

b) Propor e preparar durante o ano, sobretudo no tempo da Quaresma, algumas celebrações penitenciais, com a ajuda de outros, inclusive de leigos, de tal modo que os textos escolhidos e o desenrolar da celebração se adaptem realmente às condições e circunstâncias da comunidade ou da assembléia reunida (por exemplo, de crianças, de enfermos etc.).

Capítulo I

RITO PARA A RECONCILIAÇÃO INDIVIDUAL DOS PENITENTES

Acolhimento do penitente

41. Quando o penitente se aproxima para confessar os pecados, o sacerdote o recebe com benevolência e o saúda amavelmente.
42. O penitente e também o sacerdote, se julgar oportuno, fazem o sinal da cruz, dizendo:

Em nome do Pai, e do Filho, e do Espírito Santo. Amém.

O sacerdote exorta o penitente à confiança em Deus com estas palavras ou outras semelhantes:

Deus, que fez brilhar a sua luz em nossos corações, te conceda a graça de reconhecer os teus pecados e a grandeza de sua misericórdia.

O penitente responde:

Amém.

RECONCILIAÇÃO INDIVIDUAL DOS PENITENTES

Outros textos para escolher:

1 Aproxima-te cheio de confiança no Senhor, [67]
que não deseja a morte do pecador,
mas que se converta e viva. (Ez 33,11)

2 O Senhor Jesus te acolha, [68]
ele que não veio chamar os justos, mas os pecadores.
Confiança no Senhor! (Lc 5,32)

3 A graça do Espírito Santo ilumine o teu coração, [69]
para que confesses os teus pecados
e reconheças a misericórdia de Deus.

4 O Senhor esteja em teu coração, [70]
para que, arrependido, confesses os teus pecados.

5 Embora tendo pecado, não deixes de confiar: [71]
temos junto do Pai um Defensor:
Jesus Cristo, o Justo.
Ele é a vítima de expiação pelos nossos pecados,
e não só pelos nossos,
mas também pelos pecados do mundo inteiro. (1Jo 2,1-2)

RECONCILIAÇÃO INDIVIDUAL DOS PENITENTES

Leitura da palavra de Deus (facultativa)

43. Em seguida, o sacerdote, se julgar oportuno, lê ou diz de cor algum texto da Sagrada Escritura que proclame a misericórdia de Deus e exorte a pessoa à conversão.

Voltemos o olhar para Jesus, [72]
que sofreu para nos salvar
e ressuscitou para nossa justificação:

Is 53,4-6:
A verdade é que ele tomava sobre si nossas enfermidades
e sofria, ele mesmo, nossas dores;
e nós pensávamos fosse um chagado,
golpeado por Deus e humilhado!
Mas ele foi ferido por causa de nossos pecados,
esmagado por causa de nossos crimes;
a punição a ele imposta era o preço da nossa paz,
e suas feridas, o preço da nossa cura.
Todos nós vagávamos como ovelhas desgarradas,
cada qual seguindo seu caminho;
e o Senhor fez recair sobre ele
o pecado de todos nós.

Ou:

1 Ez 11,19-20:

Ouçamos o que nos diz o Senhor: [73]
"Eu lhes darei um outro coração
e porei no seu íntimo um espírito novo.
Removerei do seu corpo o coração de pedra
e lhes darei um coração de carne,
a fim de que andem segundo minhas leis,
observem e pratiquem meus preceitos.
Assim serão o meu povo e eu serei o seu Deus".

2 Mt 6,14-15:

Ouçamos o que nos diz o Senhor: [74]
De fato, se vós perdoardes aos homens
as faltas que eles cometeram,
vosso Pai que está nos céus
também vos perdoará.
Mas, se vós não perdoardes aos homens,
vosso Pai também não perdoará
as faltas que vós cometestes.

❸ Mc 1,14-15:

Depois que João Batista foi preso, [75]
Jesus foi para a Galiléia,
pregando o Evangelho de Deus e dizendo:
"O tempo já se completou
e o Reino de Deus está próximo.
Convertei-vos e crede no Evangelho!"

❹ Lc 6, 31-38:

Ouçamos o que nos diz o Senhor: [76]
"O que vós desejais que os outros vos façam,
fazei-o também vós a eles.
Se amais somente aqueles que vos amam,
que recompensa tereis?
Até os pecadores amam aqueles que os amam.
E se fazeis o bem somente aos que vos fazem o bem,
que recompensa tereis?
Até os pecadores fazem assim.
E se emprestais
somente àqueles de quem esperais receber,
que recompensa tereis?
Até os pecadores emprestam aos pecadores,
para receber de volta a mesma quantia.

Ao contrário, amai os vossos inimigos,
fazei o bem e emprestai
sem esperar coisa alguma em troca.
Então, a vossa recompensa será grande,
e sereis filhos do Altíssimo,
porque Deus é bondoso
também para com os ingratos e os maus.
Sede misericordiosos,
como também o vosso Pai é misericordioso.
Não julgueis e não sereis julgados;
não condeneis e não sereis condenados;
perdoai, e sereis perdoados.
Dai e vos será dado.
Uma boa medida, calcada, sacudida, transbordante
será colocada no vosso colo;
porque com a mesma medida com que medirdes os outros,
vós também sereis medidos".

❺ Lc 15,1-7:

Os publicanos e pecadores [77]
aproximavam-se de Jesus para o escutar.
Os fariseus, porém,

e os mestres da Lei criticavam Jesus.
"Este homem acolhe os pecadores
e faz refeição com eles".
Então Jesus contou-lhes esta parábola:
"Se um de vós tem cem ovelhas e perde uma,
não deixa as noventa e nove no deserto,
e vai atrás daquela que se perdeu,
até encontrá-la?
Quando a encontra,
coloca-a nos ombros com alegria,
e, chegando a casa,
reúne os amigos e vizinhos,
e diz:
'Alegrai-vos comigo!
Encontrei a minha ovelha que estava perdida!'
Eu vos digo:
Assim haverá no céu mais alegria
por um só pecador que se converte,
do que por noventa e nove justos
que não precisam de conversão".

6 **Jo 20,19-23:**

Ao anoitecer daquele dia, o primeiro da semana, [78]
estando fechadas, por medo dos judeus,
as portas do lugar onde os discípulos se encontravam,
Jesus entrou e, pondo-se no meio deles, disse:
"A paz esteja convosco".
Depois destas palavras,
mostrou-lhes as mãos e o lado.
Então os discípulos se alegraram
por verem o Senhor.
Novamente, Jesus disse:
"A paz esteja convosco.
Como o Pai me enviou, também eu vos envio".
E depois de ter dito isto,
soprou sobre eles e disse:
"Recebei o Espírito Santo.
A quem perdoardes os pecados,
eles lhes serão perdoados;
a quem os não perdoardes,
eles lhes serão retidos".

7 Rm 5,8-9:

Pois bem, a prova de que Deus nos ama [79]
é que Cristo morreu por nós,
quando éramos ainda pecadores.
Muito mais agora,
que já estamos justificados pelo sangue de Cristo,
seremos salvos da ira por ele.

8 Ef 5,1-2:

Sede imitadores de Deus, como filhos que ele ama. [80]
Vivei no amor, como Cristo nos amou
e se entregou a si mesmo a Deus por nós,
em oblação e sacrifício de suave odor.

9 Cl 1,12-14:

Dai graças ao Pai, [81]
que vos tornou capazes de participar da luz,
que é a herança dos santos.
Ele nos libertou do poder das trevas
e nos recebeu no reino de seu Filho amado,
por quem temos a redenção, o perdão dos pecados.

⑩ Cl 3,8-10.12-17:

Agora, porém, abandonai tudo isso: [82]
ira, irritação,
maldade, blasfêmia,
palavras indecentes, que saem dos vossos lábios.
Não mintais uns aos outros.
Já vos despojastes do homem velho e
da sua maneira de agir
e vos revestistes do homem novo,
que se renova segundo a imagem do seu Criador,
em ordem ao conhecimento.
Vós sois amados por Deus,
sois os seus santos eleitos.
Por isso, revesti-vos de sincera misericórdia,
bondade, humildade,
mansidão e paciência,
suportando-vos uns aos outros
e perdoando-vos mutuamente,
se um tiver queixa contra o outro.
Como o Senhor vos perdoou,
assim perdoai vós também.
Mas, sobretudo, amai-vos uns aos outros,
pois o amor é o vínculo da perfeição.

Que a paz de Cristo reine em vossos corações,
à qual fostes chamados como membros de um só corpo.
E sede agradecidos.
Que a palavra de Cristo, com toda a sua riqueza,
habite em vós.
Ensinai e admoestai-vos uns aos outros com toda a sabedoria.
Do fundo dos vossos corações, cantai a Deus
salmos, hinos e cânticos espirituais,
em ação de graças.
Tudo o que fizerdes, em palavras ou obras,
seja feito em nome do Senhor Jesus Cristo.
Por meio dele dai graças a Deus, o Pai.

⑪ 1Jo 1,6-7.9:
Se dissermos que estamos em comunhão com ele, [83]
mas andamos nas trevas,
estamos mentindo e não nos guiamos pela verdade.
Mas, se andamos na luz,
como ele está na luz,
então estamos em comunhão uns com os outros,
e o sangue de seu Filho Jesus
nos purifica de todo pecado.

Se reconhecermos nossos pecados,
então Deus se mostra fiel e justo,
para nos perdoar os pecados
e nos purificar de toda culpa.

[84.] Poder-se-ão utilizar também as leituras propostas nos nn. 101-102 no *Rito para a reconciliação de vários penitentes*. Ou, à escolha do sacerdote e do penitente.

Confissão dos pecados e aceitação da satisfação

44. Após a recitação, onde for costume, da fórmula da confissão genérica (por exemplo, Confesso a Deus...), o penitente confessa os seus pecados. O sacerdote, se necessário, ajuda o penitente a fazer a confissão íntegra, dá-lhe conselhos oportunos e exorta-o à contrição de suas culpas, recordando-lhe que o cristão, pelo sacramento da penitência, morrendo e ressuscitando com Cristo, se renova no mistério pascal. Em seguida, impõe-lhe uma ação penitencial, recebida pelo penitente para satisfação pelo pecado e renovação de sua vida.

Procure o sacerdote adaptar-se em tudo à condição do penitente, tanto na maneira de falar como na escolha dos conselhos.

RECONCILIAÇÃO INDIVIDUAL DOS PENITENTES

Oração do penitente e absolvição

45. Em seguida, a convite do sacerdote, o penitente manifesta sua contrição, com estas ou outras palavras:

Senhor, eu me arrependo sinceramente
de todo o mal que pratiquei e do bem que deixei de fazer.
Pecando, eu vos ofendi, meu Deus, sumo bem,
digno de ser amado sobre todas as coisas.
Prometo firmemente, ajudado por vossa graça,
fazer penitência,
não mais pecar
e fugir às ocasiões do pecado.
Senhor, tende piedade de mim,
pelos méritos da paixão de nosso Salvador, Jesus Cristo.

Outros textos à escolha:

1 Recordai, Senhor meu Deus, vossa ternura [85]
e a vossa compaixão que são eternas!
Não recordeis os meus pecados quando jovem,
nem vos lembreis de minhas faltas e delitos!
De mim lembrai-vos, porque sois misericórdia
e sois bondade sem limites, ó Senhor! (Sl 24(25),6-7)

❷ Lavai-me todo inteiro do pecado, [86]
e apagai completamente a minha culpa!
Eu reconheço toda a minha iniqüidade,
o meu pecado está sempre à minha frente.

(Sl 50(51),4-5)

❸ Pai, pequei contra ti; [87]
já não mereço ser chamado teu filho.
tem piedade de mim que sou pecador!

(Lc 15,18;18,13)

❹ Deus, Pai de misericórdia, [88]
como filho(a) arrependido(a) regresso para dizer-vos:
"Pequei contra vós;
já não sou digno de ser chamado vosso(a) filho(a)".
Cristo Jesus, Salvador do mundo,
eu vos peço como o bom ladrão
a quem abristes as portas do Paraíso:
"Lembrai-vos de mim, Senhor,
quando estiverdes no vosso reino".

Espírito Santo, fonte de amor,
cheio de confiança vos suplico:
"Purificai o meu coração
e concedei-me viver como filho da luz".

5 Senhor Jesus, [89]
que abristes os olhos dos cegos e curastes os enfermos,
que perdoastes a pecadora
e confirmastes Pedro em vosso amor, após o seu pecado,
atendei à minha súplica:
perdoai todos os meus pecados,
renovai em mim o vosso amor
e concedei-me viver em caridade fraterna
para que eu possa anunciar a todos a vossa salvação.

6 Senhor Jesus, [90]
que quisestes ser chamado amigo dos pecadores,
livrai-me de meus pecados
pelo mistério de vossa morte e ressurreição.
Que a vossa paz permaneça em mim,
para que eu possa produzir frutos
de caridade, justiça e verdade.

7 Senhor Jesus Cristo, [91]
Cordeiro de Deus que tirais o pecado do mundo,
dignai-vos reconciliar-nos com vosso Pai
pela graça do Espírito Santo;
purificai-me, em vosso sangue, de todo pecado,
e fazei-me renascer para uma vida nova
a fim de proclamar a vossa glória.

8 Meu Deus, tende misericórdia de mim [92]
na vossa bondade;
desviai a vossa face dos meus pecados;
apagai a minha iniquidade,
criai em mim um coração puro,
e dai-me um espírito reto.

Ou:

Senhor Jesus, Filho de Deus,
tende piedade de mim, que sou um(a) pecador(a).

46. O sacerdote, com as mãos estendidas sobre a cabeça do penitente (pelo menos a mão direita), diz:

Deus, Pai de misericórdia,
que, pela morte e ressurreição de seu Filho,
reconciliou o mundo consigo
e enviou o Espírito Santo
para remissão dos pecados,
te conceda, pelo ministério da Igreja,
o perdão e a paz.
E EU TE ABSOLVO DOS TEUS PECADOS,
EM NOME DO PAI, E DO FILHO,
E DO ESPÍRITO SANTO.

O penitente responde:
Amém.

Proclamação do louvor de Deus e despedida do penitente

47. Depois da absolvição, o sacerdote prossegue:

Dai graças ao Senhor, porque ele é bom.

O penitente responde:

Porque a sua misericórdia é eterna.

O sacerdote despede o penitente reconciliado, dizendo:

O Senhor perdoou os teus pecados. Vai em paz.

[93.] Em lugar da proclamação do louvor de Deus e da fórmula de despedida, o sacerdote pode dizer:

❶ A paixão de nosso Senhor Jesus Cristo,
a intercessão da Virgem Maria e de todos os Santos,
tuas boas obras e a tua paciência na adversidade,
sirvam de remédio para os teus pecados,
aumento de graça
e prêmio da vida eterna.
Vai em paz.

Ou:

2 O Senhor te libertou do pecado.
Que ele te conduza à salvação no seu reino.
A ele glória para sempre.
R: Amém.

Ou:

3 Feliz quem foi perdoado de sua culpa
e cujo pecado foi sepultado.
Irmão (irmã), alegra-te no Senhor,
e vai em paz.

Ou ainda:

4 Vai em paz
e proclama ao mundo as maravilhas de Deus,
que te salvou.

Ou:

℣. O Senhor te libertou do pecado.
Que ele te conduza à salvação no sertão.
A ele glória para sempre.
℟. Amém.

Ou:

℣. Feliz quem foi perdoado de sua culpa
e cujo pecado foi sepultado.
Irmão (irmã), alegra-te no Senhor,
e vai em paz.

Ou ainda:

℣. Vai em paz,
e proclama ao mundo as maravilhas de Deus
que te salvou.

Capítulo II

RITO PARA A RECONCILIAÇÃO DE VÁRIOS PENITENTES COM CONFISSÃO E ABSOLVIÇÃO INDIVIDUAIS

RITOS INICIAIS

Canto

48. Reunidos os fiéis, enquanto o sacerdote entra na igreja, pode-se entoar um salmo, antífona ou canto apropriado, como por exemplo:

Ouvi-nos, Senhor,
pois grande é a vossa misericórdia.
Por vossa infinita compaixão
volvei para nós o vosso olhar.

Ou:

Aproximemo-nos confiantes do trono da graça,
para alcançar misericórdia,
e encontrar o auxílio divino.

Saudação

49. Terminado o canto, o sacerdote saúda os presentes, dizendo:

A graça, a misericórdia e a paz de Deus Pai
e de Jesus Cristo, nosso Salvador, estejam convosco.

R.: Bendito seja Deus
que nos reuniu no amor de Cristo.

Ou:

Estejam convosco a graça e a paz de Deus Pai
e de Jesus Cristo que nos amou
e lavou nossos pecados com o seu sangue.

R.: A ele louvor e glória para sempre.

RECONCILIAÇÃO DE VÁRIOS PENITENTES

Outros textos à escolha:

1 A graça, a misericórdia e a paz de Deus Pai [94]
e de Jesus Cristo, seu Filho,
na verdade e no amor, estejam convosco.
R.: Amém.

2 Irmãos e irmãs, que Deus abra [95]
o vosso coração para a sua palavra
e vos conceda a sua paz;
atenda às vossas orações
e vos reconcilie com ele.
R. Amém.

3 Estejam convosco a graça e a paz de Deus,
nosso Pai, [96]
de Jesus Cristo, o Senhor
que se entregou por nossos pecados.
R. A ele a glória pelos séculos dos séculos. Amém.

Podem-se também usar as saudações do começo da Missa.

O sacerdote ou outro ministro instrui os presentes, em breve palavras, sobre a importância e o sentido da celebração, e o desenrolar da mesma.

Oração

50. O sacerdote, com estas palavras ou outras semelhantes, convida todos a orar:

Irmãos, peçamos a Deus, que nos chama à conversão,
a graça de uma frutuosa e verdadeira penitência.

E todos oram em silêncio por algum tempo. A seguir, o sacerdote diz a oração:

Senhor Deus, ouvi as nossas súplicas,
perdoai os pecados daqueles que vos louvam.
Concedei-nos na vossa bondade o perdão e a paz.
Por Cristo, nosso Senhor.
R. Amém.

Ou:

Colocai, Senhor, o vosso Espírito no meio de nós,
para que, lavando-nos nas águas da penitência,
nos transforme para vós em sacrifício vivo.
Vivendo pelo mesmo Espírito,
possamos vos louvar por toda parte
e proclamar a vossa misericórdia.
Por Cristo, nosso Senhor.
R. Amém.

Outros textos à escolha:

1 Senhor, por vossa misericórdia, [97]
livrai-nos de todos os nossos pecados,
para que, recebendo o vosso perdão,
vos sirvamos com liberdade de espírito.
Por Cristo, nosso Senhor,
na unidade do Espírito Santo.
R. Amém.

2 Senhor, nosso Deus, [98]
não vos deixais vencer pelas nossas ofensas,
mas vos aplacais com a nossa conversão.
Olhai para nós, vossos servos e servas,
que reconhecemos nossos pecados
e concedei-nos celebrar o sacramento
da vossa misericórdia.
Que possamos, corrigidos dos nossos erros,
receber vossa eterna recompensa.
Por Cristo, nosso Senhor.
R. Amém.

3 Deus todo-poderoso e cheio de misericórdia, [99]
vós nos reunistes em nome de vosso Filho
para alcançarmos misericórdia,
e sermos socorridos em tempo oportuno.
Abri os nossos olhos para vermos o mal que praticamos,
e tocai os nossos corações
para que nos convertamos a vós sinceramente.
Que o vosso amor reconduza à unidade
aqueles que o pecado dividiu e dispersou;
que o vosso poder cure e fortaleça
os que em sua fragilidade foram feridos;
que o vosso espírito renove para a vida
os que foram vencidos pela morte.
Restabelecido em nós o vosso amor,
brilhe em nossas obras a imagem de vosso Filho
para que todos,
iluminados pela caridade de Cristo,
que resplandece na face da Igreja,
reconheçam como vosso enviado,
Jesus Cristo, vosso Filho, nosso Senhor.
R. Amém.

4 Pai de misericórdia e Deus de toda consolação, [100]
que não desejais a morte, mas a conversão do pecador,
vinde em auxílio do vosso povo,
para que se converta e viva.
Ouvindo a vossa palavra,
ajudai-nos a reconhecer os nossos pecados
e a dar-vos graças pelo perdão recebido.
Sinceros em nosso amor,
nos santifiquemos em Cristo, vosso Filho,
que convosco vive e reina para sempre.
R. Amém.

CELEBRAÇÃO DA PALAVRA DE DEUS

51. Começa a celebração da Palavra. Se houver várias leituras, intercala-se um salmo, um canto apropriado ou então um momento de silêncio, para que a Palavra de Deus seja bem assimilada e aceita interiormente. Se houver uma só leitura, convém que seja do Evangelho.

PRIMEIRO EXEMPLO

O amor é a plenitude da lei

Primeira Leitura

Dt 5,1-3.6-7.11-12.16-21a;6,4-6

Amarás o Senhor teu Deus
com todo o teu coração.

Leitura do livro do Deuteronômio

Naqueles dias,
¹ convocando todo Israel, Moisés lhe disse:
"Ouve, Israel, as leis e os decretos
que hoje vou proclamar a vossos ouvidos,
para que os aprendais e cuideis de praticá-los.

² O Senhor nosso Deus fez conosco uma aliança
em Horeb. E ele falou:
⁶ 'Eu sou o Senhor teu Deus,
que te libertou do Egito, do antro da escravidão.
⁷ Não terás outros deuses além de mim.
¹¹ Não pronunciarás o nome do Senhor teu Deus
em vão, porque o Senhor não deixará impune
quem pronunciar seu nome em vão.
¹² 'Guarda o dia de sábado, para o santificares,
como o Senhor teu Deus te mandou.
¹⁶ Honra teu pai e tua mãe,
como o Senhor teu Deus te ordenou,
para que vivas por longo tempo e sejas feliz
na terra que o Senhor teu Deus te vai dar' ".
¹⁷ Não matarás.
¹⁸ Não cometerás adultério.
¹⁹ Não furtarás.
²⁰ Não levantarás falso testemunho contra o próximo.
²¹ᵃ Não desejarás a mulher do próximo.
⁶,⁴ Ouve, Israel,
o Senhor nosso Deus é o único Senhor.
⁵ Amarás o Senhor teu Deus
com todo o teu coração, com toda a tua alma
e com todas as tuas forças.
⁶ E trarás gravadas em teu coração
todas estas palavras que hoje te ordeno.
Palavra do Senhor.

Cântico responsorial

Br 1,15-22 (R. 3, 2)

R. Ouvi-nos, ó Senhor, tende piedade de nós todos,
   pois Vós sois misericórdia!

— ¹⁵ Ao Senhor, o nosso Deus cabe a justiça,*
   enquanto a nós resta corar envergonhados,
— a nós, os homens todos de Judá*
   e aos que são, Jerusalém, teus habitantes,
— ¹⁶ a nossos reis, aos sacerdotes e aos príncipes,*
   aos profetas e aos nossos ancestrais: R.

— ¹⁷ diante do Senhor todos pecamos,*
   ¹⁸ pois não lhe obedecemos, tantas vezes;
— não ouvimos o Senhor a exortar-nos*
   a seguir os mandamentos que nos deu.   R.

= ¹⁹ Desde quando Deus tirou a nós do Egito, †
   até hoje, nos mostramos tão rebeldes,*
   não obedecendo ao Senhor, o nosso Deus;
— e, em nossa leviandade, recusamos,*
   sempre de novo, escutar a sua voz.   R.

– ²⁰ Daí, nos per**seg**uem, como vemos, o infortúnio*
   e a maldi**ção** que o Senhor já nos lançou
– por **mei**o de Moisés, seu santo servo,*
   quando ti**rou** os nossos pais da terra egípcia,
– para **dar**-nos uma terra muito rica*
   de leite e **mel**, como, aqui hoje, nos acontece.R.

– ²¹ A des**pei**to dos avisos dos profetas,*
   a **voz** do Senhor Deus nós não ouvimos.
– ²² Afastamo-nos, seguindo cada qual*
   inclina**ções** do seu perverso coração,
– para ser**vir** a outros deuses e praticar*
   o que é **mau** diante dos olhos de nosso Deus. R.

Segunda Leitura

Ef 5,1-14

Vivei no amor, como Cristo nos amou.

Leitura da Carta de São Paulo aos Efésios

Irmãos:
¹ Sede imitadores de Deus, como filhos que ele ama.
² Vivei no amor, como Cristo nos amou
   e se entregou a si mesmo a Deus por nós,
   em oblação e sacrifício de suave odor.

³ A devassidão, ou qualquer espécie de impureza ou cobiça
sequer sejam mencionadas entre vós,
como convém a santos.
⁴ Nada de palavras grosseiras, insensatas ou obscenas,
que são inconvenientes;
dedicai-vos antes à ação de graças.
⁵ Pois, sabei-o bem, o devasso, o impuro,
o avarento – que é um idólatra –
são excluídos da herança no reino de Cristo e de Deus.
⁶ Que ninguém vos engane com palavras vazias.
Tudo isso atrai a cólera de Deus sobre os que lhe desobedecem.
⁷ Não sejais seus cúmplices.
⁸ Outrora éreis trevas, mas agora sois luz no Senhor.
Vivei como filhos da luz.
E o fruto da luz chama-se: bondade, justiça, verdade.
¹⁰ Discerni o que agrada ao Senhor.
¹¹ Não vos associeis às obras das trevas,
que não levam a nada;
antes, desmascarai-as.
¹² O que essa gente faz em segredo,
tem vergonha até de dizê-lo.

¹³ Mas tudo que é condenável torna-se manifesto
pela luz;
e tudo o que é manifesto é luz.
¹⁴ É por isso que se diz:
"Desperta, tu que dormes,
levanta-te dentre os mortos
e sobre ti Cristo resplandecerá".
Palavra do Senhor.

Aclamação ao Evangelho

Jo 8,12

R. Salve, Cristo, Luz da vida,
companheiro na partilha!

V. Eu sou a luz do mundo;
aquele que me segue,
não caminha entre as trevas,
mas terá a luz da vida. R.

Evangelho

Mt 22,34-40

*Toda a Lei e os profetas dependem
desses dois mandamentos.*

✠ Proclamação do Evangelho de Jesus Cristo
segundo Mateus

Naquele tempo,
34 os fariseus ouviram dizer que Jesus
tinha feito calar os saduceus.
Então eles se reuniram em grupo,
35 e um deles perguntou a Jesus, para
experimentá-lo:
36 "Mestre, qual é o maior mandamento da Lei?"
37 Jesus respondeu:
"'Amarás o Senhor teu Deus
de todo o teu coração, de toda a tua alma,
e de todo o teu entendimento!'
38 Esse é o maior e o primeiro mandamento.
39 O segundo é semelhante a esse:
'amarás ao teu próximo como a ti mesmo'.
40 Toda a Lei e os profetas
dependem desses dois mandamentos".
Palavra da Salvação.

Ou:

Evangelho

Jo 13,34-35;15,10-13

Eu vos dou um novo mandamento.

✠ Proclamação do Evangelho de Jesus Cristo segundo João

Naquele tempo, disse Jesus aos seus Apóstolos:
³⁴ Eu vos dou um novo mandamento:
amai-vos uns aos outros.
Como eu vos amei,
assim também vós deveis amar-vos uns aos outros.
³⁵ Nisto todos conhecerão que sois meus discípulos,
se tiverdes amor uns aos outros".
¹⁵,¹⁰ Se guardardes os meus mandamentos,
permanecereis no meu amor,
assim como eu guardei os mandamentos do meu Pai
e permaneço no seu amor.
¹¹ Eu vos disse isto, para que a minha alegria
esteja em vós e a vossa alegria seja plena.
¹² Este é o meu mandamento:
amai-vos uns aos outros,
assim como eu vos amei.

¹³ Ninguém tem amor maior
do que aquele que dá sua vida pelos amigos.
Palavra da Salvação.

SEGUNDO EXEMPLO

Renovai o vosso espírito e a vossa mentalidade

Primeira Leitura

Is 1,10-18

Deixai de fazer o mal! Aprendei a fazer o bem!

Leitura do livro do Profeta Isaías

¹⁰ Ouvi a palavra do Senhor,
magistrados de Sodoma,
prestai ouvidos ao ensinamento do nosso Deus,
povo de Gomorra.
¹¹ Que me importa a abundância de vossos sacrifícios? – diz o Senhor.
Estou farto de holocaustos de carneiros
e de gordura de animais cevados;
do sangue de touros, de cordeiros
e de bodes, não me agrado.

¹² Quando entrais para vos apresentar diante de mim,
quem vos pediu para pisardes os meus átrios?
¹³ Não continueis a trazer oferendas vazias!
O incenso é para mim uma abominação!
Não suporto lua nova, sábado,
convocação de assembléia:
iniqüidade com reunião solene!
¹⁴ Vossas luas novas e vossas solenidades,
eu as detesto!
Elas são para mim um peso,
estou cansado de suportá-las.
¹⁵ Quando estendeis as vossas mãos,
escondo de vós os meus olhos.
Ainda que multipliqueis a oração,
eu não ouço: Vossas mãos estão cheias de sangue!
¹⁶ Lavai-vos, purificai-vos.
Tirai a maldade de vossas ações de minha frente.
Deixai de fazer o mal!
¹⁷ Aprendei a fazer o bem!
Procurai o direito, corrigi o opressor.
Julgai a causa do órfão, defendei a viúva.
¹⁸ Vinde, debatamos – diz o Senhor.
Ainda que vossos pecados sejam como púrpura,
tornar-se-ão brancos como a neve.
Se forem vermelhos como o carmesim,
tornar-se-ão como lã.
Palavra do Senhor.

Canto responsorial

Sl 50, 3-4.16-17.18-19 (R. 19a)

R. Meu sacrifício é minha alma penitente.

— ³ Tende piedade, ó meu Deus, misericórdia!*
Na imensidão de vosso amor, purificai-me!
— ⁴ Lavai-me todo inteiro do pecado,*
e apagai completamente a minha culpa! R.

— ¹⁶ Da morte como pena, libertai-me,*
e minha língua exaltará vossa justiça!
— ¹⁷ Abri meus lábios, ó Senhor, para cantar,*
e minha boca anunciará vosso louvor! R.

— ¹⁸ Pois não são de vosso agrado os sacrifícios,*
e, se oferto um holocausto, o rejeitais.
— ¹⁹ Meu sacrifício é minha alma penitente,*
não desprezeis um coração arrependido! R.

Segunda Leitura

Ef 4,23-32

Renovai o vosso espírito e a vossa mentalidade.

Leitura da Carta de São Paulo aos Efésios

Irmãos:
²³ Renovai o vosso espírito e a vossa mentalidade.
²⁴ Revesti o homem novo,
criado à imagem de Deus,
em verdadeira justiça e santidade.
²⁵ Eis pois que vos livrastes da mentira;
que cada um diga a verdade ao seu próximo,
pois nós somos membros uns dos outros.
²⁶ Irai-vos, mas não pequeis.
Que o sol não se ponha sobre o vosso
ressentimento.
²⁷ Não vos exponhais ao diabo.
²⁸ Aquele que roubava deixe de roubar,
antes esforce-se por trabalhar honestamente
com as suas mãos,
a fim de ter o que partilhar
com o que está necessitado.

²⁹ Nenhuma palavra perniciosa deve sair dos
vossos lábios, mas sim alguma palavra boa,
capaz de edificar oportunamente
e de trazer graça aos que a ouvem.
³⁰ Não contristeis o Espírito Santo
com o qual Deus vos marcou como com um selo
para o dia da libertação.
³¹ Toda a amargura, irritação, cólera, gritaria,
injúrias,
tudo isso deve desaparecer do meio de vós,
como toda a espécie de maldade.
³² Sede bons uns para com os outros,
sede compassivos;
perdoai-vos mutuamente,
como Deus vos perdoou por meio de Cristo.
Palavra do Senhor.

Aclamação ao Evangelho

Mt 11,28

R. Glória a **Cristo**, Pa**la**vra e**ter**na do **Pai**, que é **amor**!
V. Vinde a **mim**, todos **vós** que estais cansados, e des**can**so eu vos da**rei**, diz o Se**nhor**.   R.

Evangelho

Mt 5,1-12

Bem-aventurados os pobres em espírito.

☩ Proclamação do Evangelho de Jesus Cristo segundo Mateus

Naquele tempo,
1 vendo Jesus as multidões,
subiu ao monte e sentou-se.
Os discípulos aproximaram-se,
2 e Jesus começou a ensiná-los:
3 "Bem-aventurados os pobres em espírito,
porque deles é o Reino dos Céus.
4 Bem-aventurados os aflitos,
porque serão consolados.
5 Bem-aventurados os mansos,
porque possuirão a terra.
6 Bem-aventurados os que têm fome e sede de justiça,
porque serão saciados.
7 Bem-aventurados os misericordiosos,
porque alcançarão misericórdia.
8 Bem-aventurados os puros de coração,
porque verão a Deus.
9 Bem-aventurados os que promovem a paz,
porque serão chamados filhos de Deus.

¹⁰ Bem-aventurados os que são perseguidos
por causa da justiça,
porque deles é o Reino dos Céus.
¹¹ Bem-aventurados sois vós,
quando vos injuriarem e perseguirem,
e, mentindo, disserem todo tipo de mal contra vós,
por causa de mim.
¹² Alegrai-vos e exultai,
porque será grande a vossa recompensa nos céus.
Do mesmo modo perseguiram
os profetas que vieram antes de vós.
Palavra da Salvação.

Outros textos, à escolha, nn. 101-201, p.171 a 359.

Homilia

52. Segue-se a homilia, inspirada no texto das leituras, levando os penitentes ao exame de consciência e à renovação de vida.

Exame de consciência

53. É aconselhável observar um tempo de silêncio para se realizar o exame de consciência e despertar a verdadeira contrição dos pecados. O sacerdote, o diácono, ou outro ministro pode vir em auxílio dos fiéis com breves palavras ou uma prece litânica, atendendo-se a sua condição, idade etc.

RITO DA RECONCILIAÇÃO

Confissão genérica dos pecados

54. A convite do diácono ou outro ministro, todos se ajoelham ou se inclinam e recitam a fórmula da confissão genérica (por exemplo: Confesso a Deus...); a seguir, de pé se for oportuno, recitam uma oração litânica ou entoam um canto apropriado. Ao final reza-se a Oração do Senhor que nunca será omitida.

PRIMEIRO EXEMPLO

Quando a oração se dirige ao Pai.

O diácono ou ministro:

Irmãos e irmãs, confessai vossos pecados,
e orai uns pelos outros
para conseguir a salvação.

Todos dizem ao mesmo tempo:

Confesso a Deus todo-poderoso
e a vós, irmãos e irmãs,
que pequei muitas vezes
por pensamentos e palavras,
atos e omissões:

e, batendo no peito, dizem:

por minha culpa, minha tão grande culpa.

Em seguida, continuam:

E peço à Virgem Maria,
aos anjos e santos
e a vós, irmãos e irmãs,
que rogueis por mim a Deus, nosso Senhor.

O diácono ou ministro:

Supliquemos ao Senhor de misericórdia
que perdoe nossas culpas e cure nossas feridas,
pois ele purifica os corações arrependidos
e absolve de toda iniqüidade
os que reconhecem seus pecados:

R. Senhor, escutai a nossa prece.

Ou:

Irmãos e irmãs, voltemos nosso coração [202]
ao Deus de poder e misericórdia
que não deseja a morte do pecador,
mas que se converta e viva.
Supliquemos que não nos castigue
pelos pecados que agora deploramos,
nem os tornemos a cometer.
R. Perdoai, Senhor, o vosso povo.

– Para que obtenhamos a graça
de uma verdadeira penitência,
roguemos ao Senhor. R.

– Para que sejamos perdoados e livres das
conseqüências de nossas culpas passadas,
roguemos ao Senhor. R.

– Para que os filhos de Deus, desviados da
Igreja pelo pecado, alcancem o perdão e
voltem a ela purificados, roguemos ao Senhor. R.

– Para que voltem ao antigo esplendor do
batismo aqueles que o macularam pelo pecado,
roguemos ao Senhor. R.

– Para que, readmitidos à mesa do altar,
se renovem pela esperança da glória eterna,
roguemos ao Senhor. R.

– Para que, perseverando na vida sacramental,
possam unir-se cada vez mais a Deus,
roguemos ao Senhor. R.

– Para que, renovados pela caridade,
dêem perante o mundo testemunho
do amor de Deus, roguemos ao Senhor. R.

– Para que perseverem fielmente nos
mandamentos de Deus e alcancem um dia
a vida eterna, roguemos ao Senhor. R.

Ou:

Invoquemos confiantes a clemência de Deus, [202]
que na sua imensa misericórdia,
apaga os pecados pela penitência
e anula pelo perdão as faltas que cometemos.
Que ele ouça com bondade todos aqueles
que imploram sinceramente o seu perdão:

(R. Nós vos rogamos, ouvi-nos.)

(R. Senhor, escutai a nossa prece.)

Ou:

Invoquemos a Deus Pai
que entregou seu Filho por nossos pecados
e o ressuscitou para nossa justificação,
suplicando-lhe humildemente:

(R. Senhor, tende misericórdia do vosso povo.)

(R. Senhor, tende piedade de nós.)

Ou:

– Para que perdoeis todas as nossas culpas [204]
pelas quais ofendemos a Deus,
e nos reconcilieis com a Igreja que ferimos
pelos nossos pecados.   R.

– Para que admitais ao sacramento
da reconciliação aqueles que só confiam
em vossa misericórdia.   R.

– Para que com nosso amor, exemplo e oração
busquemos a nossa conversão
e a de nossos irmãos e irmãs.   R.

– Para que, ao confessarmos hoje nossas culpas,
nos livreis da escravidão do pecado e sejamos
conduzidos à liberdade dos filhos de Deus.   R.

– Para que, reconciliados convosco e com
nossos irmãos, sejamos aos olhos do mundo
um sinal vivo de vosso amor. R.

– Para que, pelo sacramento da reconciliação,
recebendo com maior plenitude a vossa paz,
possamos promovê-la no mundo. R.

– Para que, por este sinal do vosso amor,
pelo qual perdoais os nossos pecados,
aprendamos a amar os irmãos e
a perdoar suas ofensas. R.

– Para que, implorando a vossa misericórdia,
recebamos a veste nupcial e mereçamos
participar da vossa mesa. R.

– Para que perdoeis os nossos pecados e
nos guieis pelos caminhos da justiça e
do amor, concedendo-nos alcançar
o prêmio da eterna paz. R.

– Para que com vossa luz dissipeis as nossas
trevas e nos guieis pelo caminho da verdade. R.

– Para que, justamente castigados
pelos nossos pecados, sejamos libertados
pela vossa misericórdia, para a glória do
vosso nome. R.

RECONCILIAÇÃO DE VÁRIOS PENITENTES

– Para que desateis, com bondade,
os laços de nossos pecados e nos guardeis,
no vosso poder, de toda a adversidade. R.

– Para que, considerando a nossa fragilidade,
não nos julgueis com rigor por causa de nossos
pecados, mas por vossa infinita misericórdia
sejamos purificados, instruídos e salvos. R.

– Para que, em vossa bondade, nos livreis da
antiga condição de pecadores, tornando-nos
capazes de uma vida nova. R.

– Para que, ao nos desviarmos de vós,
possamos retornar ao caminho da justiça,
do amor e da paz. R.

– Para que, destruídos os danos da nossa
maldade, triunfem em nós os frutos
da vossa redenção. R.

– Para que apagueis nossas culpas passadas,
e nos prepareis para a vida futura. R.

Ou:

2 Supliquemos a Deus, nosso Pai, [202]
que espera pelos filhos que dele se afastaram
e acolhe de braços abertos os que se convertem,
que receba com bondade os que retornam
a sua casa:

(R. Pecamos, Senhor, mas não olheis
para os nossos pecados.)
(R. Pai, pecamos contra vós;
já não somos dignos de ser
chamados vossos filhos.)

Ou:

Supliquemos a Deus,
que veio buscar o que se perdera,
reconduzir o que se transviara,
curar os feridos e sustentar os fracos.

(R. Curai, Senhor, as nossas fraquezas.)

As seguintes invocações podem ser recitadas com resposta fixa
ou variável (•), como na Liturgia das Horas.

– Perdoai, Senhor, por vossa misericórdia,
as faltas que cometemos
contra a unidade da vossa família,
• e fazei-nos um só coração e uma só alma. (R.)

– Pecamos, Senhor, muitas vezes,
• apagai nossos pecados (R.)
com a vossa graça salvadora.

– Dai-nos o vosso perdão porque
somos pecadores
• e reconciliai-nos com a vossa Igreja. (R.)

– Fazei que, por uma sincera conversão,
cresçamos na vossa amizade,
• e reparemos as ofensas cometidas (R.)
contra a vossa sabedoria e bondade.

– Senhor, purificai e renovai a vossa Igreja;
• que ela dê sempre mais testemunho de vós! (R.)

– Tocai os corações de todos
os que se afastaram de vós
por seus pecados e escândalos,
• para que regressem a vós (R.)
e permaneçam no vosso amor.

– Vós que nos destes a vida
  no corpo do vosso Filho,
• dai-nos aceitar em nossa vida (R.)
  os sinais de sua paixão.

– Ouvi, Senhor, as súplicas e perdoai os pecados,
  aqueles que proclamam o vosso louvor;
• concedei-nos o perdão e a paz. (R.)

– Na verdade, Senhor, pecamos muito,
  mas proclamamos a vossa misericórdia;
• dai-nos a graça da conversão. (R.)

– Acolhei-nos Senhor, contritos e humilhados,
• pois os que esperam em vós (R.)
  não serão desiludidos.

– Em todas as coisas vos ofendemos
  e não guardamos os vossos preceitos;
• pecamos e agimos mal, (R.)
  afastando-nos de vós.

– Voltai-vos para nós, Senhor,
  e esquecei as nossas faltas,
• e lançai nas profundezas do mar (R.)
  todos os nossos pecados.

– Concedei-nos, Senhor, que perdoados,
  nos alegremos em vós,
• e de coração puro nos alegremos. (R.)

Pai-nosso

O diácono ou ministro:

Roguemos agora a Deus, nosso Pai,
com as mesmas palavras que Cristo nos ensinou,
a fim de que perdoe nossos pecados
e nos livre de todo o mal:

Todos prosseguem:

Pai nosso, que estais nos céus,
santificado seja o vosso nome;
venha a nós o vosso reino;
seja feita a vossa vontade,
assim na terra como no céu.
O pão nosso de cada dia nos dai hoje;
perdoai-nos as nossas ofensas
assim como nós perdoamos a quem nos tem ofendido;
e não nos deixeis cair em tentação;
mas livrai-nos do mal.

O sacerdote conclui:

Senhor Deus, mostrai-vos bondoso
para com vossos filhos e filhas,
pois se reconhecem pecadores diante da Igreja;
que ela os liberte de todo o pecado,
e possam, de coração puro, render-vos graças.
Por Cristo, nosso Senhor.

Todos: Amém.

SEGUNDO EXEMPLO

Quando a oração se dirige a Cristo.

O diácono ou ministro:
Irmãos e irmãs, lembrados da bondade de Deus, nosso Pai,
confessemos os nossos pecados
para alcançar a sua misericórdia.

Todos dizem ao mesmo tempo:
Confesso a Deus todo-poderoso
e a vós, irmãos e irmãs,
que pequei muitas vezes
por pensamentos e palavras,
atos e omissões:

e, batendo no peito, dizem:
por minha culpa, minha tão grande culpa.

Em seguida, continuam:
E peço à Virgem Maria,
aos anjos e santos
e a vós, irmãos e irmãs,
que rogueis por mim a Deus, nosso Senhor.

O diácono ou ministro:

Supliquemos humildemente ao Cristo Salvador,
nosso advogado junto ao Pai,
que perdoe os nossos pecados e
nos purifique de todo mal.

R. Senhor, tende piedade de nós.

Ou:

Invoquemos humildemente Jesus Cristo, [203]
que com sua morte venceu o pecado,
para que perdoe as ofensas
que cometemos contra Deus,
e nos reconcilie com a Igreja
que também ofendemos.

R. Salvai-nos, Senhor Jesus.

— Senhor, que fostes enviado [205]
para evangelizar os pobres e salvar
os corações arrependidos,
tende piedade de nós. R.

— Senhor, que não viestes chamar os justos,
mas os pecadores, tende piedade de nós. R.

— Senhor, que perdoastes muito àquela
que muito amou, tende piedade de nós. R.

— Senhor que não recusastes
o convívio dos publicanos e pecadores,
tende piedade de nós. R.

— Senhor, que reconduzistes
sobre os vossos ombros a ovelha perdida,
tende piedade de nós. R.

— Senhor, que não condenastes a adúltera,
mas lhe dissestes: "vai em paz",
tende piedade de nós. R.

— Senhor, que chamastes o publicano Zaqueu
à conversão e à vida nova,
tende piedade de nós. R.

— Senhor, que prometestes o paraíso
ao ladrão arrependido, tende piedade de nós. R.

— Senhor, que vivendo à direita do Pai,
sempre intercedeis por nós,
tende piedade de nós. R.

Ou:

1 Em oração confiante e firme esperança, [203]
acorramos a Cristo que no seu imenso
amor por nós
quis entregar-se à morte
para salvar a todos.

(R. Cristo, ouvi-nos.)
(R. Cristo, atendei-nos.)

Ou:

Rezemos confiantes a Cristo, o Senhor,
que morreu por nossos pecados
e ressuscitou para a nossa justificação,
dizendo-lhe:

(R. Vós sois o nosso Salvador.)
(R. Cristo, Filho de Deus vivo, tende piedade de nós.)
(R. Senhor, tende piedade de nós.)

– Senhor, que, por vossa morte, nos
reconciliastes com o Pai e nos salvastes,
tende piedade de nós. (Rm 5,1) R.

– Senhor, que morrestes e ressuscitastes e estais
sentado à direita do Pai, intercedendo por nós,
tende piedade de nós. (Rm 3,34) R.

– Senhor, que vos tornastes para nós sabedoria,
justiça, santificação e redenção,
tende piedade de nós. (1Cor 1,30) R.

– Senhor, que morrestes e ressuscitastes e
estais sentado à direita do Pai,
intercedendo por nós, tende piedade de nós.
(Rm 8,34) R.

– Senhor, que purificastes todo ser humano
e o santificastes pelo Espírito de nosso Deus,
tende piedade de nós. (1Cor 6,11) R.

– Senhor, que dissestes que pecamos contra vós,
quando pecamos contra nossos irmãos,
tende piedade de nós. (1Cor 8,12) R.

– Senhor que, sendo rico, vos fizestes pobre,
por nosso amor para enriquecer-nos
com vossa pobreza, tende piedade de nós.
(2Cor 8,9) R.

– Senhor, que vos imolastes por nossos pecados
para libertar da maldade deste mundo perverso,
tende piedade de nós. (Gl 1,4) R.

– Senhor, que, ao ressuscitar dentre os mortos,
nos livrastes do castigo eterno, tende piedade
de nós. (1Ts 1,10) R.

– Senhor, que viestes a este mundo para salvar
os pecadores, tende piedade de nós.
(1Tm 1,15) R.

– Senhor, que vos entregastes em resgate
por todos, tende piedade de nós. (1Tm 2,6) R.

– Senhor, que destruístes a morte e fizestes
resplandecer a vida, tende piedade de nós.
(2Tm 1,10) R.

– Senhor, que haveis de julgar os vivos e os
mortos, tende piedade de nós. (2Tm 4,1) R.

– Senhor, que vos entregastes por nós para
nos remir de toda iniqüidade e purificar
para vós um povo que praticasse o bem,
tende piedade de nós. (Tt 2,14) R.

– Senhor, que vos tornastes um Pontífice misericordioso e fiel junto a Deus, a fim de vos oferecer em sacrifício pelos pecados do povo, tende piedade de nós. (Hb 2,17) R.

– Senhor, que vos tornastes fonte de salvação eterna para todos aqueles que vos obedecem, tende piedade de nós. (Hb 5,9) R.

– Senhor, que pelo Espírito Santo vos oferecestes a Deus como vítima sem mancha, purificando a nossa consciência das obras mortas para o serviço do Deus vivo, tende piedade de nós. (Hb 9,14) R.

– Senhor, que vos oferecestes em sacrifício para apagar os pecados de todos, tende piedade de nós. (Hb 9,28) R.

– Senhor, que sendo o Justo, morrestes pelos pecadores, tende piedade de nós. (1Pd 3,18) R.

– Senhor, que vos oferecestes na cruz pelos nossos pecados, e não somente pelos nossos, mas também pelos do mundo inteiro, tende piedade de nós. (1 Jo 2,2) R.

RECONCILIAÇÃO DE VÁRIOS PENITENTES

– Senhor, que morrestes para que não pereçam
os que crêem em vós, mas tenham a vida
eterna, tende piedade de nós. (Jo 3,16.35) R.

– Senhor, que viestes a este mundo para
buscar e salvar o que estava perdido,
tende piedade de nós. (Mt 18,11) R.

– Senhor, que fostes enviado pelo Pai,
não para condenar o mundo,
mas para salvá-lo, tende piedade de nós.
(Jo 3,17) R.

– Senhor, que tendes na terra o poder
de perdoar os pecados, tende piedade de nós.
(Mc 2,10) R.

– Senhor, que chamais para junto de vós
os oprimidos e aflitos, a fim de aliviá-los,
tende piedade de nós. (Mt 11,28) R.

– Senhor, que entregastes aos Apóstolos
as chaves do reino dos céus,
para que perdoassem e retivessem os pecados,
tende piedade de nós. (Mt 16,19;18,18) R.

– Senhor, que resumistes toda a lei
no amor a Deus e ao próximo,
tende piedade de nós. (Mt 22,38-40) R.

– Jesus, que sois a vida de todos,
e viestes ao mundo para que todos tenham
a vida e a tenham plenamente,
tende piedade de nós. (Jo 10,10) R.

– Jesus, bom Pastor, que destes a vida
pelas vossas ovelhas,
tende piedade de nós. (Jo 10,11) R.

– Jesus, verdade suprema,
que nos tornastes livres,
tende piedade de nós. (Jo 14,6;8,32.36) R.

– Jesus, único caminho, que conduz ao Pai,
tende piedade de nós. (Jo 14,6) R.

– Jesus, ressurreição e vida, pelo qual
quem crê em vós, ainda que esteja morto,
viverá, tende piedade de nós. (Jo 11,25) R.

– Jesus, vinha verdadeira, cujos ramos são
podados pelo Pai para que produzam mais
frutos, tende piedade de nós. (Jo 15,1-2) R.

② Oremos com fé ao Cristo, [203]
o Bom Pastor que procura a ovelha perdida,
acolhendo-a com alegria ao encontrá-la.

(R. Acolhei-nos, Senhor, em vossa misericórdia.)

Ou:

Irmãos, com humildade e confiança
dirijamos a Cristo nossas súplicas,
pois crucificou no seu corpo os nossos pecados,
a fim de que, mortos para o pecado,
vivamos para a justiça
e em suas chagas sejamos curados.

(R. Senhor, a quem iremos?
    Só vós tendes palavras de vida eterna.
    Cremos e reconhecemos que sois o Cristo,
    Filho de Deus.)
(R. Tende piedade de nós.)

RECONCILIAÇÃO DE VÁRIOS PENITENTES

As seguintes invocações podem ser recitadas com resposta fixa ou variável, como na Liturgia das Horas. (205)

– Senhor, médico do corpo e da alma,
 curai as feridas dos nossos corações,
• para que possamos receber constantemente (R.)
 vossa força santificadora.

– Senhor, concedei que possamos nos
 despojar da velha criatura com seus atos,
• e nos revestir de vós que sois (R.)
 o homem novo.

– Redentor nosso, concedei-nos participar
 melhor da vossa paixão pela penitência,
• para alcançar mais plenamente a glória (R.)
 da ressurreição.

– Senhor, que vossa Mãe,
 refúgio dos pecadores, interceda por nós,
• para que, em vossa bondade, (R.)
 perdoeis os nossos pecados.

– Senhor, que perdoastes os pecados
 da mulher arrependida,
• não retireis de nós a vossa misericórdia. (R.)

– Senhor, que tomastes aos ombros
a ovelha perdida,
• acolhei-nos compassivos. (R.)

– Senhor, que prometestes o Paraíso
ao ladrão crucificado convosco,
• levai-nos convosco para o vosso reino. (R.)

– Senhor, que morrestes e ressuscitastes por nós,
• fazei-nos participantes da vossa morte (R.)
e ressurreição.

Pai-nosso

O diácono ou ministro:

Agora, como o próprio Cristo nos ordenou,
peçamos junto ao Pai
que perdoe os nossos pecados
assim como nos perdoamos uns aos outros:

Todos prosseguem:

Pai nosso, que estais nos céus,
santificado seja o vosso nome;
venha a nós o vosso reino;
seja feita a vossa vontade,
assim na terra como no céu.

O pão nosso de cada dia nos dai hoje;
perdoai-nos as nossas ofensas,
assim como nós perdoamos
a quem nos tem ofendido;
e não nos deixeis cair em tentação;
mas livrai-nos do mal.

O sacerdote conclui:
Ó Deus, que quisestes socorrer a nossa fraqueza,
concedei-nos receber com alegria
a renovação que trazeis
e manifestá-la em nossa vida.
Por Cristo, nosso Senhor.

Todos: Amém.

Confissão e absolvição individuais

55. Os penitentes aproximam-se dos sacerdotes colocados em lugares adequados, confessam seus pecados e, recebida a devida satisfação, são absolvidos individualmente. Ouvida a confissão e, se for o caso, após conveniente exortação, o sacerdote, omitindo o restante da reconciliação para um só penitente, estende as mãos sobre a cabeça do penitente, ou pelo menos a direita, e dá a absolvição, dizendo:

Deus, Pai de misericórdia,
que, pela morte e ressurreição de seu Filho,
reconciliou o mundo consigo
e enviou o Espírito Santo
para remissão dos pecados,
te conceda, pelo ministério da Igreja,
o perdão e a paz.
E EU TE ABSOLVO DOS TEUS PECADOS,
EM NOME DO PAI, E DO FILHO,
E DO ESPÍRITO SANTO.

O penitente responde:
Amém.

LOUVOR A DEUS
POR SUA MISERICÓRDIA

56. Terminadas as confissões individuais, o sacerdote que preside a celebração, acompanhado dos demais sacerdotes, convida à ação de graças e exorta às boas obras, pelas quais se manifesta a graça da penitência na vida dos indivíduos e de toda a comunidade. Convém, portanto, cantar um salmo ou hino, ou fazer uma oração litânica, proclamando o poder e a misericórdia de Deus. Por exemplo, o Cântico de Nossa Senhora ou o Salmo 135(136), v. 1-9.13-14.16.25-26:

1 Lc 1,46-55
Cântico de Nossa Senhora:
A alegria da alma no Senhor

R. O **Se**nhor é **fiel** ao seu **a**mor.

—⁴⁶ A minh'**al**ma engran**de**ce ao Se**nhor**, *
—⁴⁷ e se ale**grou** o meu es**pí**rito em **Deus**,
  meu Salva**dor**,
—⁴⁸ pois, ele **viu** a peque**nez** de sua **ser**va, *
  desde a**go**ra as gera**ções**
  hão de cha**mar**-me de ben**di**ta.   R.

—⁴⁹ O Pode**ro**so fez por **mim** maravilhas *
e **San**to é o seu **no**me!
—⁵⁰ Seu a**mor**, de gera**ção** em gera**ção**, *
chega a **to**dos que o res**pei**tam.   R.

—⁵¹ Demons**trou** o po**der** de seu **braço**, *
disper**sou** os orgul**ho**sos.
—⁵² Derru**bou** os pode**ro**sos de seus **tro**nos *
e os hu**mil**des exal**tou**.   R.

—⁵³ De **bens** saci**ou** os fa**min**tos *
e despe**diu**, sem nada, os **ri**cos.
—⁵⁴ Acolheu Israel, seu servi**dor**, *
fiel ao seu a**mor**,   R.

—⁵⁵ como ha**via** prome**ti**do aos nossos **pais**, *
em fa**vor** de Abra**ão** e de seus **fi**lhos,
para **sem**pre.   R.

Sl 135,1-9.1.3-14.16-17.25-26
**Hino pascal pelas maravilhas
do Deus criador e libertador**

R. Demos **graças** ao Se**nhor**, porque ele é **bom**:
Porque e**ter**no é seu a**mor**.
—¹ Demos **graças** ao Se**nhor**, porque ele é **bom**: *
Porque e**ter**no é seu a**mor**! R.

—² Demos **graças** ao Senhor, Deus dos deuses: *
Porque e**ter**no é seu amor!
—³ Demos **graças** ao Senhor dos senhores: *
Porque e**ter**no é seu amor! R.

—⁴ Somente **e**le é que fez grandes maravilhas: *
Porque e**ter**no é seu amor!
—⁵ Ele cri**ou** o firmamento com saber: *
Porque e**ter**no é seu amor!
—⁶ Esten**deu** a terra firme sobre as águas: *
Porque e**ter**no é seu amor! R.

—⁷ Ele **criou** os luminares mais brilhantes: *
  Porque e**ter**no é seu amor!
—⁸ Criou o **sol** para o dia presidir: *
  Porque e**ter**no é seu amor!
—⁹ Criou a **lua** e as estrelas para a noite: *
  Porque e**ter**no é seu amor! R.

—¹³ Ele cor**tou** o mar Vermelho em duas partes: *
  Porque e**ter**no é o seu amor!
—¹⁴ Fez pas**sar** no meio dele Israel: *
  Porque e**ter**no é o seu amor! R.

—¹⁶ Ele gui**ou** pelo deserto o seu povo: *
  Porque e**ter**no é seu amor!
—¹⁷ E fe**riu** por causa dele grandes reis: *
  Porque e**ter**no é seu amor! R.

—²⁵ A **to**do ser vivente ele alimenta: *
  Porque e**ter**no é seu amor!
—²⁶ Demos *gra*ças ao Senhor, o Deus dos céus: *
  Porque e**ter**no é seu amor! R.

RECONCILIAÇÃO DE VÁRIOS PENITENTES

Outros textos, à escolha:

1 Sl 31(32),1-7.10-11 (R. 11ab)
Feliz o homem que foi perdoado!

R. Regozi**jai**-vos, ó **jus**tos, em **Deus**,
e no Se**nhor** exul**tai** de ale**gri**a!

—¹ Feliz o **ho**mem que **foi** perdoado *
e cuja **fal**ta já foi encoberta!
=² Feliz o **ho**mem a quem o Senhor †
não olha **mais** como sendo culpado, *
e em cuja **al**ma não há falsidade! R.

=³ Enquanto **eu** silenciei meu pecado, †
dentro de **mim** definhavam meus ossos *
e eu ge**mi**a por dias inteiros, R.

—⁴ porque sen**ti**a pesar sobre mim *
a vossa **mão**, ó Senhor, noite e dia;
— e minhas **for**ças estavam fugindo, *
tal como a **sei**va da planta no estio. R.

—⁵ Eu confes**sei**, afinal, meu pecado, *
 e minha **fal**ta vos fiz conhecer.
— Disse: "Eu i**rei** confessar meu pecado!" *
 E perdo**as**tes, Senhor, minha falta.   R.

—⁶ Todo fi**el** pode, assim, invocar-vos, *
 durante o **tem**po da angústia e aflição,
— porque, a**in**da que irrompam as águas, *
 não pode**rão** atingi-lo jamais.   R.

—⁷ Sois para **mim** proteção e refúgio; *
 na minha ang**ús**tia me haveis de salvar,
— e envolve**reis** a minha alma no gozo *
 da salva**ção** que me vem só de vós.   R.

=¹⁰ Muito so**frer** é a parte dos ímpios; †
 mas **quem** confia em Deus, o Senhor, *
 é envol**vi**do por graça e perdão.
=¹¹ Regozi**jai**-vos, ó justos, em Deus, †
 e no Se**nhor** exultai de alegria! *
 Corações **re**tos, cantai jubilosos!   R.

2 Sl 97(98),1-9 (R. 3a)
Deus, vencedor como juiz

R. O Senhor recordou o seu amor sempre fiel.

—¹ Cantai ao Senhor Deus um canto novo, *
porque ele fez prodígios!
— Sua mão e o seu braço forte e santo *
alcançaram-lhe a vitória. R.

—² O Senhor fez conhecer a salvação, *
e às nações, sua justiça;
—³ recordou o seu amor sempre fiel *
pela casa de Israel. R.

— Os confins do universo contemplaram *
a salvação do nosso Deus.
—⁴ Aclamai o Senhor Deus, ó terra inteira, *
alegrai-vos e exultai! R.

—⁵ Cantai salmos ao Senhor ao som da harpa *
e da cítara suave!
—⁶ Aclamai, com os clarins e as trombetas, *
ao Senhor, o nosso Rei! R.

—⁷Aplauda o **mar** com todo ser que nele vive, *
o mundo int**ei**ro e toda gente!
—⁸As mont**an**has e os rios batam palmas *
e e**xul**tem de alegria, R.

—⁹na pre**sen**ça do Senhor, pois ele vem, *
vem jul**gar** a terra inteira.
— Jul**ga**rá o universo com justiça *
e as na**ções** com eqüidade. R.

3 Sl 99(100),2-5 (R.)
A alegria dos que entram no templo

R. Sim, é **bom** o Se**nhor** e nosso **Deus**,
sua bon**da**de per**du**ra para **sem**pre.

=²Acla**mai** o Se**nhor**, ó terra int**ei**ra, †
ser**vi** ao Senhor com alegria, *
ide a **e**le cantando jubilosos! R.

=³Sa**bei** que o Senhor, só ele, é Deus, †
Ele **mes**mo nos fez, e somos seus, *
nós **so**mos seu povo e seu rebanho. R.

=⁴**Entrai** por suas portas dando graças, †
e em seus **á**trios com hinos de louvor; *
dai-lhe **gra**ças, seu nome bendizei! R.

=⁵Sim, é **bom** o Senhor e nosso Deus, †
sua bon**da**de perdura para sempre, *
seu **a**mor é fiel eternamente! R.

❹ Sl 118,1.10-13.15-16.18.33.105.169-170.174-175 (R. 12)
Meditação da Lei de Deus

R. Ó Se**nhor**, vós sois ben**di**to para **sem**pre;
os **vos**sos mandamentos ensi**nai**-me!

– ¹ Feliz o **ho**mem sem pe**ca**do em seu ca**mi**nho,*
que na **lei** do Senhor Deus vai progredindo!
–¹⁰ De **to**do o coração eu vos procuro,*
não dei**xeis** que eu abandone a vossa lei! R.

–¹¹ Conser**vei** no coração vossas palavras,*
a **fim** de que eu não peque contra vós.
–¹² Ó Se**nhor**, vós sois bendito para sempre;*
os **vos**sos mandamentos ensinai-me! R.

– ¹³ Com meus **lá**bios, ó Senhor, eu enumero*
 os de**cre**tos que ditou a vossa boca.
– ¹⁵ Eu **que**ro meditar as vossas ordens,*
 eu **que**ro contemplar vossos caminhos! R.

– ¹⁶ Minha ale**gri**a é fazer vossa vontade;*
 eu não **pos**so esquecer vossa palavra.
– ¹⁸ Abri meus **o**lhos, e então contemplarei*
 as mara**vi**lhas que encerra a vossa lei! R.

– ³³ Ensi**nai**-me a viver vossos preceitos;*
 quero guar**dá**-los fielmente até o fim!
– ¹⁰⁵ Vossa pa**la**vra é uma luz para os meus passos,*
 é uma **lâm**pada luzente em meu caminho. R.

– ¹⁶⁹ Que o meu **gri**to, ó Senhor, chegue até vós;*
 fazei-me **sá**bio como vós o prometestes!
– ¹⁷⁰ Que a minha **pre**ce chegue até à vossa face;*
 con**for**me prometestes, libertai-me! R.

– ¹⁷⁴ Desejo a **vos**sa salvação ardentemente*
 e en**con**tro em vossa lei minhas delícias!
– ¹⁷⁵ Possa eu vi**ver** e para sempre vos louvar;*
 e que me a**ju**dem, ó Senhor, vossos conselhos! R.

5 Sl 102,1-4.8-18 (R. 17ab)
Hino à misericórdia do Senhor

R. O **a**mor do Senhor **Deus** por quem o **te**me
   é de **sem**pre e per**du**ra para **sem**pre.

—¹ Ben**di**ze, ó minha **al**ma, ao Se**nhor**, *
   e **to**do o meu ser, seu santo nome!
—² Ben**di**ze, ó minha alma, ao Senhor, *
   não te es**que**ças de nenhum de seus favores! R.

—³ Pois **e**le te perdoa toda culpa, *
   e **cu**ra toda a tua enfermidade;
—⁴ da sepul**tu**ra ele salva a tua vida *
   e te **cer**ca de carinho e compaixão. R.

—⁸ O Se**nhor** é indulgente, é favorável, *
   é pacien**te**, é bondoso e compassivo.
—⁹ Não fica **sem**pre repetindo as suas queixas, *
   nem **guar**da eternamente o seu rancor.
—¹⁰ Não nos **tra**ta como exigem nossas faltas, *
   nem nos **pu**ne em proporção às nossas culpas. R.

—¹¹ Quanto os **céus** por sobre a terra se elevam, *
tanto é **gran**de o seu amor aos que o temem;
—¹² quanto **dis**ta o nascente do poente, *
tanto afas**ta** para longe nossos crimes.
—¹³ Como um **pai** se compadece de seus filhos, *
o Se**n**hor tem compaixão dos que o temem.   R.

—¹⁴ Porque **sa**be de que barro somos feitos, *
e se **lem**bra que apenas somos pó.
—¹⁵ Os dias do **ho**mem se parecem com a erva, *
ela flo**res**ce como a flor dos verdes campos;
—¹⁶ mas a**pe**nas sopra o vento ela se esvai, *
já nem sa**be**mos onde era o seu lugar.   R.

—¹⁷ Mas o **a**mor do Senhor Deus por quem o teme*
é de **sem**pre e perdura para sempre;
— e tam**bém** sua justiça se estende *
por gera**ções** até os filhos de seus filhos,
—¹⁸ aos que **guar**dam fielmente sua Aliança *
e se **lem**bram de cumprir os seus preceitos.   R.

6 Sl 144(145),1-21 (R. 2)
Louvor à grandeza de Deus

R. Todos os **di**as have**rei** de bendi**zer**-vos,
hei de lou**var** o vosso **no**me para **sem**pre.

– ¹ Ó meu **Deus**, quero exal**tar**-vos, ó meu **Rei**,*
e bendi**zer** o vosso nome pelos séculos. R.

– ² Todos os **di**as haverei de bendizer-vos,*
hei de lou**var** o vosso nome para sempre.
– ³ Grande é o Se**nh**or e muito digno de louvores,*
e nin**guém** pode medir sua grandeza. R.

– ⁴ Uma i**da**de conta à outra vossas obras*
e pu**bli**ca os vossos feitos poderosos;
– ⁵ proclamam **to**dos o esplendor de vossa glória*
e di**vul**gam vossas obras portentosas! R.

– ⁶ Narram **to**dos vossas obras poderosas,*
e de **vos**sa imensidade todos falam.
– ⁷ Eles re**cor**dam vosso amor tão grandioso*
e e**xal**tam, ó Senhor, vossa justiça. R.

– ⁸ Miseri**cór**dia e piedade é o Senhor,*
ele é a**mor**, é paciência, é compaixão.

— ⁹ O Se**nhor** é muito bom para com todos,*
sua ter**nu**ra abraça toda criatura.   R.

— ¹⁰ Que vossas **o**bras, ó Senhor, vos glorifiquem,*
e os vossos **san**tos com louvores vos bendigam!
— ¹¹ Narrem a **gló**ria e o esplendor do vosso reino*
e **sai**bam proclamar vosso poder!   R.

— ¹² Para espa**lhar** vossos prodígios entre os homens*
e o ful**gor** de vosso reino esplendoroso.
— ¹³ O vosso **rei**no é um reino para sempre,*
vosso po**der**, de geração em geração.   R.

— ¹³ᵇ O Se**nhor** é amor fiel em sua palavra,*
é santi**da**de em toda obra que ele faz.
— ¹⁴ Ele sus**ten**ta todo aquele que vacila*
e le**van**ta todo aquele que tombou.   R.

— ¹⁵ Todos os **o**lhos, ó Senhor, em vós esperam*
e vós lhes **dais** no tempo certo o alimento;
— ¹⁶ vós **a**bris a vossa mão prodigamente*
e saci**ais** todo ser vivo com fartura.   R.

— ¹⁷ É **jus**to o Senhor em seus caminhos,*
é **san**to em toda obra que ele faz.
— ¹⁸ Ele está **per**to da pessoa que o invoca,*
de todo a**que**le que o invoca lealmente.   R.

143

– ¹⁹ O Senhor cumpre os desejos dos que o temem,*
ele escuta os seus clamores e os salva.
– ²⁰ O Senhor guarda todo aquele que o ama,*
mas dispersa e extermina os que são ímpios. R.

= ²¹ Que a minha boca cante a glória do Senhor †
e que bendiga todo ser seu nome santo *
desde agora, para sempre e pelos séculos. R.

7 Sl 145,2-10 (R. 2a)
Felicidade dos que esperam no Senhor

R. Bendirei ao Senhor toda a vida.

= ¹ Bendize, minh'alma, ao Senhor! †
² Bendirei ao Senhor toda a vida, *
cantarei ao meu Deus sem cessar! R.

– ³ Não ponhais vossa fé nos que mandam, *
não há homem que possa salvar.
= ⁴ Ao faltar-lhe o respiro ele volta †
para a terra de onde saiu; *
nesse dia seus planos perecem. R.

= ⁵ É **feliz** todo homem que busca †
   seu auxílio no Deus de Jacó, *
   e que **põe** no Senhor a esperança.

– ⁶ O Se**nhor** fez o céu e a terra, *
   fez o **mar** e o que neles existe. R.

– O Se**nhor** é fiel para sempre, *
   ⁷ faz justi**ça** aos que são oprimidos;
– ele **dá** alimento aos famintos, *
   é o Se**nhor** quem liberta os cativos. R.

= ⁸ O Se**nhor** abre os olhos aos cegos, †
   o Se**nhor** faz erguer-se o caído, *
   o Se**nhor** ama aquele que é justo. R.

= ⁹ É o Se**nhor** quem protege o estrangeiro, †
   quem am**para** a viúva e o órfão, *
   mas confu**n**de os caminhos dos maus. R.

= ¹⁰ O Se**nhor** reinará para sempre! †
   Ó Sião, o teu Deus reinará *
   para **sem**pre e por todos os séculos! R.

8 Is 12,1b-6 (R. 4a)
Exultação do povo redimido

R. Dai louvores ao Senhor, invocai seu santo nome.

– ¹ Dou-vos graças, ó Senhor, porque estando irritado,*
 acalmou-se a vossa ira e enfim me consolastes.
– ² Eis o Deus, meu Salvador, eu confio e nada temo;*
 o Senhor é minha força, meu louvor e salvação. R.

– ³ Com alegria bebereis no manancial da salvação,*
 ⁴ e direis naquele dia: "Dai louvores ao Senhor,
– invocai seu santo nome, anunciai suas maravilhas,*
 entre os povos proclamai
 que seu nome é o mais sublime. R.

– ⁵ Louvai cantando ao nosso Deus,
 que fez prodígios e portentos, *
 publicai em toda a terra
 suas grandes maravilhas!
– ⁶ Exultai cantando alegres, habitantes de Sião, *
 porque é grande em vosso meio
 o Deus Santo de Israel!" R.

9 Is 61,10-11 (R. 10b)
A alegria do profeta sobre a nova Jerusalém

R. Minh'**al**ma reju**bi**la no meu **Deus**.

– ⁶¹,¹⁰ Eu e**xul**to de ale**gri**a no Se**nhor**, *
   e minh'**al**ma reju**bi**la no meu **Deus**.
– Pois me envol**veu** de sal**vação**, qual uma **ves**te,*
   e com o **man**to da justiça me co**briu**,
– como o **noi**vo que coloca o dia**de**ma, *
   como a **noi**va que se enfeita com suas **jói**as. R.

– ¹¹ Como a **ter**ra faz bro**tar** os seus re**ben**tos *
   e o jar**dim** faz germi**nar** suas se**men**tes,
– o Senhor **Deus** fará bro**tar** sua justiça *
   e o lou**vor** perante **to**das as na**ções**. R.

⑩ Jr 31,10-14 (R. cf. 11)
A felicidade do povo libertado

R. O **Sen**hor liber**tou** o seu **po**vo.

– ¹⁰ **Ou**vi, na**ções**, a pa**la**vra do **Sen**hor *
 e anunci**ai**-a nas **i**lhas mais dis**tan**tes:
– "Quem disper**sou** Israel, vai congregá-lo, *
 e o guarda**rá** qual pas**tor** a seu re**ba**nho!" R.

– ¹¹ **Pois**, na ver**da**de, o **Sen**hor remiu Ja**có** *
 e o liber**tou** do po**der** do prepo**ten**te.
= ¹² Volta**rão** para o **mon**te de Si**ão**, †
 entre **bra**dos e **can**tos de ale**gri**a *
 aflui**rão** para as **bên**çãos do Senhor: R.

– para o **tri**go, o vinho **no**vo e o a**zei**te; *
 para o **ga**do, os cordei**ri**nhos e as o**ve**lhas.
– Terão a **al**ma qual jar**dim** bem irrigado, *
 de sede e **fo**me nunca **mais** hão de so**frer**. R.

– ¹³ Então a **vir**gem dança**rá** alegre**men**te, *
 também o **jo**vem e o **ve**lho exulta**rão**;
– muda**rei** em ale**gri**a o seu **lu**to, *
 serei con**so**lo e con**for**to após a **guer**ra.
– ¹⁴ Saciarei os sacer**do**tes de de**lí**cias, *
 e meu **po**vo há de far**tar**-se de meus **bens**! R.

RECONCILIAÇÃO DE VÁRIOS PENITENTES

⓫ Dn 3,52-57 (R. 57)
Louvor das criaturas ao Senhor

R. Obras **todas** do Se**nhor**, glorifi**cai**-o!
A ele lou**vor**, honra e **gló**ria eterna**men**te!

– ⁵² Sede ben**dito**, Senhor **Deus** de nossos **pais**! *
A vós lou**vor**, honra e **gló**ria eterna**men**te!
– Sede ben**dito**, nome **san**to e glorioso! *
A vós lou**vor**, honra e **gló**ria eterna**men**te! R.

– ⁵³ No templo **san**to onde re**ful**ge a vossa **gló**ria! *
A vós lou**vor**, honra e **gló**ria eterna**men**te!
– ⁵⁴ E em vosso **tro**no de po**der** vitori**o**so! *
A vós lou**vor**, honra e **gló**ria eterna**men**te! R.

– ⁵⁵ Sede ben**dito**, que son**dais** as profun**de**zas! *
A vós lou**vor**, honra e **gló**ria eterna**men**te!
– E superi**or** aos queru**bins** vos assen**tais**! *
A vós lou**vor**, honra e **gló**ria eterna**men**te! R.

– ⁵⁶ Sede ben**dito** no ce**les**te firma**men**to! *
A vós lou**vor**, honra e **gló**ria eterna**men**te!
– ⁵⁷ Obras **todas** do Se**nhor**, glorifi**cai**-o! *
A Ele lou**vor**, honra e **gló**ria eterna**men**te! R.

⓬ Ef 1,3-10 (R. cf. 3):
O plano divino da salvação

R. Bendito sejais **vós**, nosso **Pai**, que **nos**
abençoastes em **Cristo**!

— ³ Bendito e louvado seja **Deus**, *
o **Pai** de Jesus **Cris**to, Senhor **nos**so,
— que do alto **céu** nos abençoou em Jesus **Cristo***
com **bên**ção espiritu**al** de toda **sor**te!   R.

— ⁴ Foi em **Cris**to que Deus **Pai** nos escol**heu**, *
já bem **an**tes de o **mun**do ser criado,
— sem **má**cula e **san**tos pelo a**mor**.   R.

= ⁵ Por livre deci**são** de sua vontade, †
predesti**nou**-nos, atra**vés** de Jesus **Cris**to, *
a sermos **ne**le os seus **fi**lhos adotivos,
— ⁶ para o lou**vor** e para a **gló**ria de sua **gra**ça, *
que em seu Filho bem-a**ma**do nos do**ou**.   R.

— ⁷ É **ne**le que nós **te**mos redenção, *
dos pecados remis**são** pelo seu **san**gue.
= Sua **gra**ça transbor**dan**te e inesgo**tá**vel †
⁸ Deus der**ra**ma sobre **nós** com abun**dân**cia, *
de sa**ber** e inteli**gên**cia nos do**tan**do.   R.

— ⁹ E assim, ele nos **deu** a conhe**cer** *
  o mistério de seu **pla**no e sua von**ta**de,
— que propu**se**ra em seu que**rer** benevo**len**te, *
  ¹⁰ na plenitu**de** dos **tem**pos reali**zar**:
— o desígnio de, em **Cris**to, reu**nir** *
  todas as **coi**sas: as da **ter**ra e as do **céu**. R.

⓭ Ap 15,3-4 (R.)
Hino de adoração

R. São **gran**des e admi**rá**veis vossas **o**bras, ó Se**nhor**.

— ³ Como são **gran**des e admi**rá**veis vossas **o**bras,*
  ó Se**nhor** e nosso **Deus** onipo**ten**te!
— Vossos ca**mi**nhos são verda**de**, são jus**ti**ça, *
  ó **Rei** dos povos **to**dos do universo! R.

= ⁴ Quem, Se**nhor**, não have**ri**a de te**mer**-vos, †
  e **quem** não honra**ri**a o vosso **no**me? *
  Pois so**men**te vós, Se**nhor**, é que sois **san**to! R.

= As nações **to**das hão de **vir** perante **vós**, †
  e prostra**das** have**rão** de ado**rar**-vos, *
  pois vossas **jus**tas deci**sões** são mani**fes**tas! R.

ORAÇÃO PARA CONCLUIR A AÇÃO DE GRAÇAS

57. Depois do canto de louvor ou da oração litânica, o sacerdote conclui a oração comum, dizendo:

Deus todo-poderoso e cheio de misericórdia,
criastes o ser humano de modo admirável
e mais admiravelmente o restaurastes.
Não o abandonais em seu pecado,
mas com amor paterno o acompanhais.
Enviastes ao mundo vosso Filho
para que, destruindo com sua paixão
o pecado e a morte,
nos devolvesse com sua ressurreição
a vida e a alegria.
Derramastes em nossos corações o Espírito Santo,
para que nos tornássemos vossos filhos e herdeiros.
Continuamente nos renovais com os sacramentos
 da salvação,
para nos livrar da escravidão do pecado
e nos transformar cada dia
em imagem mais perfeita de vosso Filho amado.

Nós vos damos graças
pelas maravilhas da vossa misericórdia.
Com toda a Igreja vos louvamos,
cantando em vossa honra um cântico novo,
com a voz, o coração e a vida.
A vós a glória, agora e para sempre,
por Jesus Cristo, no Espírito Santo.

Todos:
R. Amém.

Ou:

Pai santo,
que nos transformastes à imagem de vosso Filho,
concedei-nos alcançar vossa misericórdia
e ser no mundo um sinal de vosso amor.
Por Cristo, nosso Senhor.

Todos:
R. Amém.

Outros textos, à escolha

1 Deus eterno e todo-poderoso, [207]
é nosso dever dar-vos graças
em todo tempo e lugar,

pois repreendeis com justiça
e perdoais com bondade,

manifestando de um modo e de outro
a vossa misericórdia.

Vós nos tratais dessa forma
para que, ao castigar-nos,
não pereçamos para sempre,
e ao perdoar-nos, tenhamos tempo de emenda.
Por Cristo, nosso Senhor.

R. Amém.

② Deus, fonte de toda a luz, [208]
de tal modo amastes o mundo,
que entregastes o vosso Filho único
para a nossa salvação,
a fim de sermos redimidos por sua cruz,
vivificados por sua morte,
salvos por sua paixão,
e por sua ressurreição glorificados.
Nós vos suplicamos, pelo mesmo Jesus Cristo,
que vos digneis velar sobre esta vossa família
em todas as coisas;
tenhamos no espírito o vosso temor,
no coração, a fé,
nas obras, a justiça,
nas ações, o amor,
na língua, a verdade,
nos costumes, a disciplina,
para que possamos alcançar
de modo digno e justo
o prêmio da imortalidade.
Por Cristo, nosso Senhor.

R. Amém.

3 Senhor Jesus Cristo, [209]
porque sois rico em perdão,
quisestes assumir a fraqueza de nossa carne,
para deixar-nos exemplo de humildade
e fortalecer-nos em toda tribulação;
dai-nos conservar os bens
que de vós recebemos,
e levantai-nos pela penitência,
sempre que cairmos em pecado.
Vós que viveis e reinais para sempre.

R. Amém.

4 Ó Deus, que nos dais a vossa graça, [210]
para que, pecadores, nos tornemos justos,
infelizes, venturosos,
assisti-nos com vossa presença e vossos dons,
e não faltará a força da perseverança
aos que foram justificados pela fé.
Por Cristo, nosso Senhor.

R. Amém.

5 Deus e Pai nosso, [211]
que perdoastes os nossos pecados
e nos destes a vossa paz,
fazei que, perdoando-nos sempre uns aos outros,
sejamos no mundo instrumento de paz.
Por Cristo, nosso Senhor.

R. Amém.

RITO CONCLUSIVO

58. O sacerdote abençoa a todos, dizendo:

O Senhor vos conduza segundo o amor de Deus
e a paciência de Cristo.

Todos: Amém.

Para que possais caminhar na vida nova
e agradar a Deus em todas as coisas.

Todos: Amém.

Abençoe-vos Deus todo-poderoso,
Pai, e Filho, ✢ e Espírito Santo.

Todos: Amém.

Outras fórmulas de bênção:

2 A bênção de Deus todo-poderoso, [212]
Pai, e Filho, ✠ e Espírito Santo.
desça sobre vós e permaneça para, sempre.
R. Amém.

Ou:

3 Abençoe-nos o Pai, [213]
que nos gerou para a vida eterna.
R. Amém.

Dê-nos a salvação o Filho,
que por nós morreu e ressuscitou.
R. Amém.

Santifique-nos o Espírito Santo,
que foi derramado em nossos corações
e nos conduziu ao caminho certo.
R. Amém.

Ou:

4 Abençoe-nos o Pai, [214]
que nos adotou como filhos e filhas.
R. Amém.

Ajude-nos o Filho,
que nos recebeu como irmãos e irmãs.
R. Amém.

Assista-nos o Espírito Santo,
que fez de nós o seu templo.
Amém.

---

59. O diácono, outro ministro ou o próprio sacerdote despede a assembléia, dizendo:

O Senhor perdoou os vossos pecados.
Ide em paz.

Todos:
Graças a Deus.

Ou outra fórmula apropriada.

Capítulo III

RITO PARA A RECONCILIAÇÃO DE VÁRIOS PENITENTES COM CONFISSÃO E ABSOLVIÇÃO GERAL

60. Para a reconciliação de vários penitentes com confissão e absolvição geral nos casos previstos pelo direito, procede-se em tudo como na celebração para reconciliar vários penitentes com confissão e absolvição individuais, observando-se as seguintes modificações.

Exortação

Durante a homilia ou logo após, exortam-se os fiéis que desejam receber a absolvição geral a se prepararem convenientemente, pelo arrependimento de cada um de seus pecados, pelo propósito de evitá-los no futuro, de reparar os danos e escândalos causados e confessar individualmente, em tempo oportuno, os pecados graves que então não possam confessar; além disso propõe-se uma penitência que todos devem cumprir, podendo cada um acrescentar o que desejar.

Confissão geral

61. Em seguida, o diácono, outro ministro ou o próprio sacerdote convida os penitentes que desejam receber a absolvição, a manifestá-lo por algum sinal. Por exemplo:

Os que desejam receber agora a absolvição sacramental ajoelhem-se e se confessem pecadores.

Ou:

Os que desejam receber agora a absolvição sacramental inclinem a cabeça e se confessem pecadores.

Pode-se propor outro sinal segundo as normas estabelecidas pelas Conferências Episcopais.*

Os penitentes rezam a fórmula da confissão genérica (por exemplo, *Confesso a Deus...*) que pode ser seguida por uma prece litânica ou um canto apropriado, como se disse anteriormente no Rito de reconciliação de vários penitentes com confissão e absolvição individuais (n. 54). Sempre se conclui com o Pai-nosso.

Absolvição sacramental geral

62. Então o sacerdote, com as mãos estendidas sobre os penitentes, dá a absolvição, dizendo:

---

* A Conferência Nacional dos Bispos do Brasil determinou que cada bispo, na sua diocese, possa indicar um ou mais sinais.

Deus Pai,
que não quer a morte do pecador
mas que se converta e viva,
que nos amou primeiro
e enviou o seu Filho ao mundo,
para que o mundo seja salvo por ele,
vos manifeste a sua misericórdia
e vos dê a sua paz.

R. Amém.

O Senhor Jesus Cristo,
que foi entregue à morte
por causa das nossas faltas
e ressuscitou para nossa justificação,
e que enviou o Espírito Santo sobre os seus Apóstolos
para receberem o poder de perdoar os pecados,
Ele, pelo nosso ministério, vos livre do mal
e vos encha do mesmo Espírito Santo.

R. Amém.

O Espírito Consolador
que nos foi dado para remissão dos pecados
e no qual temos o poder de chegar ao Pai,
purifique os vossos corações e os ilumine
para que anuncieis o poder do Senhor
que vos chamou das trevas à sua luz admirável.

R. Amém.

E EU VOS ABSOLVO DOS VOSSOS PECADOS,
EM NOME DO PAI, E DO FILHO,
✠ E DO ESPÍRITO SANTO.

R. Amém.

Ou:

Deus, Pai de misericórdia,
que, pela morte e ressurreição de seu Filho,
reconciliou o mundo consigo
e enviou o Espírito Santo
para remissão dos pecados,
vos conceda, pelo ministério da Igreja,
o perdão e a paz.

E EU VOS ABSOLVO DOS VOSSOS PECADOS, EM NOME DO PAI, E DO FILHO, ✠ E DO ESPÍRITO SANTO.

R. Amém.

Canto de louvor e conclusão

63. O sacerdote convida todos a render graças e proclamar a misericórdia de Deus e, após um canto ou hino apropriado, omitida a oração conclusiva, abençoa e despede o povo, conforme o Rito de reconciliação de vários penitentes com confissão e absolvição individuais, nos nn. 58-59, pp. 158-160.

RITO BREVE

64. Em caso de necessidade, pode-se abreviar este Rito de confissão e absolvição geral. Após breve leitura da Sagrada Escritura, se for oportuno, da exortação habitual (n. 60) e da imposição da penitência, os penitentes são convidados à confissão genérica (por exemplo, Confesso a Deus...), e o sacerdote lhes concede a absolvição com a invocação indicada no n. 62, pp. 164-166.

65. Em iminente perigo de morte, basta que o sacerdote diga a fórmula da absolvição, podendo ser assim abreviada:

EU VOS ABSOLVO DOS VOSSOS PECADOS, EM NOME DO PAI, E DO FILHO, ✛ E DO ESPÍRITO SANTO.

R. Amém.

66. O fiel absolvido de pecados graves por uma absolvição sacramental geral deve confessar cada um deles na sua primeira confissão individual.

Capítulo IV

LEITURAS BÍBLICAS

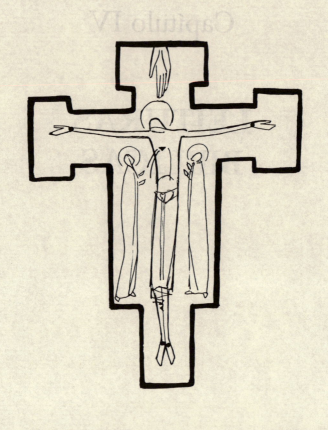

As seguintes leituras foram escolhidas para a utilidade de pastores e fiéis. Podem-se, porém, selecionar outras, segundo a diversidade e condição das assembléias.

LEITURAS DO ANTIGO TESTAMENTO

101. **Gn 3,1-19**

Colheu um fruto e o comeu.

Leitura do Livro do Gênesis

¹ A serpente era o mais astuto de todos os animais dos campos
que o Senhor Deus tinha feito.
Ela disse à mulher:
"É verdade que Deus vos disse:
'Não comereis de nenhuma das árvores do jardim?'"
² E a mulher respondeu à serpente:
"Do fruto das árvores do jardim,
nós podemos comer.

³ Mas do fruto da árvore que está no meio do
jardim,
Deus nos disse:
'Não comais dele
nem sequer o toqueis,
do contrário, morrereis' ".
⁴ A serpente disse à mulher:
"Não, vós não morrereis.
⁵ Mas Deus sabe que no dia em que dele comerdes,
vossos olhos se abrirão
e vós sereis como Deus,
conhecendo o bem e o mal".
⁶ A mulher viu que seria bom comer da árvore,
pois era atraente para os olhos
e desejável para obter conhecimento.
E colheu um fruto,
comeu e deu também ao marido,
que estava com ela,
e ele comeu.
⁷ Então, os olhos dos dois se abriram;
e, vendo que estavam nus,
teceram tangas para si com folhas de figueira.
⁸ Quando ouviram a voz do Senhor Deus,
que passeava pelo jardim à brisa da tarde,
Adão e sua mulher esconderam-se
do Senhor Deus
no meio das árvores do jardim.

⁹ Mas o Senhor Deus chamou Adão, dizendo:
"Onde estás?"
¹⁰ E ele respondeu:
"Ouvi tua voz no jardim, e fiquei com medo
porque estava nu; e me escondi".
¹¹ Disse-lhe o Senhor Deus:
"E quem te disse que estavas nu?
Então comeste da árvore,
de cujo fruto te proibi comer?"
¹² Adão disse:
"A mulher que tu me deste por companheira,
foi ela que me deu do fruto da árvore,
e eu comi".
¹³ Disse o Senhor Deus à mulher:
"Por que fizeste isso?"
E a mulher respondeu:
"A serpente enganou-me e eu comi".
¹⁴ Então o Senhor Deus disse à serpente:
"Porque fizeste isso, serás maldita
entre todos os animais domésticos
e todos os animais selvagens!
Rastejarás sobre o ventre
e comerás pó todos os dias da tua vida!
¹⁵ Porei inimizade entre ti e a mulher,
entre a tua descendência e a dela.
Esta te ferirá a cabeça
e tu lhe ferirás o calcanhar".

¹⁶ À mulher ele disse:
"Multiplicarei os sofrimentos da tua gravidez:
entre dores darás à luz os filhos;
teus desejos te arrastarão para o teu marido,
e ele te dominará".
¹⁷ E disse em seguida a Adão:
"Porque ouviste a voz da tua mulher
e comeste da árvore,
de cujo fruto te proibi comer,
amaldiçoado será o solo por tua causa!
Com sofrimento tirarás dele o alimento
todos os dias da tua vida.
¹⁸ Ele produzirá para ti espinhos e cardos
e comerás as ervas da terra;
¹⁹ comerás o pão com o suor do teu rosto
até voltares à terra de que foste tirado,
porque és pó e ao pó hás de voltar".
Palavra do Senhor.

102. **Gn 4,1-15**

Caim atirou-se sobre o seu irmão Abel e matou-o.

Leitura do Livro do Gênesis

¹· Adão conheceu Eva, sua mulher,
e ela concebeu e deu à luz Caim, dizendo:
"Gerei um homem com a ajuda do Senhor".
² E deu também à luz Abel, irmão de Caim.
Abel foi pastor de ovelhas e Caim, agricultor.
³ Aconteceu, tempos depois,
que Caim ofereceu frutos da terra
como sacrifício ao Senhor,
⁴ e Abel ofereceu primogênitos do seu rebanho,
com sua gordura.
O Senhor olhou para Abel e sua oferenda,
⁵ mas para Caim e sua oferenda não olhou.
Caim encheu-se de cólera e seu rosto tornou-se abatido.
⁶ Então o Senhor perguntou a Caim:
"Por que estás cheio de cólera
e andas com o rosto abatido?
⁷ É verdade que, se fizeres o bem,
andarás de cabeça erguida;
mas se fizeres o mal,

o pecado estará à porta, espreitando-te.
Tu, porém, poderás dominá-lo".
⁸ Caim disse a seu irmão Abel:
"Vamos ao campo".
Logo que chegaram ao campo,
Caim atirou-se sobre o seu irmão Abel e matou-o.
⁹ E o Senhor perguntou a Caim:
"Onde está o teu irmão Abel?"
Ele respondeu: "Não sei.
Acaso sou o guarda do meu irmão?"
¹⁰ O Senhor lhe disse: "Que fizeste?
A voz do sangue do teu irmão
está clamando por mim, da terra.
¹¹ Agora, pois, serás amaldiçoado pela terra
que abriu a boca para receber das tuas mãos
o sangue do teu irmão!
¹² Quando tu a cultivares,
ela te negará seus frutos.
E serás um fugitivo,
vagando sobre a terra".
¹³ Caim disse ao Senhor:
"Meu castigo é grande demais
para que eu o possa suportar.
¹⁴ Se, hoje, me expulsas desta terra,
devo esconder-me de ti,
tornando-me um fugitivo a vaguear sobre a terra;
qualquer um que me encontrar, me matará".

¹⁵ E o Senhor lhe disse:
"Não! mas aquele que matar Caim,
será punido sete vezes!"
O Senhor pôs, então, um sinal em Caim,
para que ninguém, ao encontrá-lo, o matasse.
Palavra do Senhor.

103. **Gn 18,17-33**

O Senhor respondeu: "Não destruirei as cidades por causa dos dez justos".

Leitura do Livro do Gênesis

¹⁷ O Senhor disse consigo:
"Acaso poderei ocultar a Abraão o que vou fazer?
¹⁸ Pois Abraão virá a ser uma nação grande e forte
e nele serão abençoadas todas as nações da terra.
¹⁹ De fato, eu o escolhi,
Para que ensine seus filhos e sua família
a guardarem os caminhos do Senhor,
praticando a justiça e o direito,
a fim de que o Senhor cumpra
em favor de Abraão
tudo o que lhe prometeu".

²⁰ Então, o Senhor disse:
"O clamor contra Sodoma e Gomorra cresceu,
e agravou-se muito o seu pecado.
²¹ Vou descer para verificar
se as suas obras correspondem ou não
ao clamor que chegou até mim".
²² Partindo dali, os homens dirigiram-se a Sodoma,
enquanto Abraão ficou na presença do Senhor.
²³ Então, aproximando-se, disse Abraão:
"Vais realmente exterminar o justo com o ímpio?
²⁴ Se houvesse cinqüenta justos na cidade,
acaso irias exterminar esta cidade?
Não pouparias o lugar
por causa dos cinqüenta justos que ali vivem?
²⁵ Longe de ti agir assim,
fazendo morrer o justo com o ímpio,
como se o justo fosse igual ao ímpio.
Longe de ti!
O juiz de toda a terra não faria justiça?"
²⁶ O Senhor respondeu:
"Se eu encontrasse em Sodoma cinqüenta justos,
pouparia por causa deles a cidade inteira".
²⁷ Abraão prosseguiu dizendo:
"Estou sendo atrevido em falar a meu Senhor,
eu que sou pó e cinza.
²⁸ Se dos cinqüenta justos faltassem cinco,
destruirias por causa dos cinco a cidade inteira?"

O Senhor respondeu:
"Não destruiria,
se achasse ali quarenta e cinco justos".
²⁹ Insistiu ainda Abraão e disse:
"E se houvesse quarenta?"
Ele respondeu:
"Por causa dos quarenta, não o faria".
³⁰ Abraão tornou a insistir:
"Não se irrite o meu Senhor, se ainda falo.
E se houvesse apenas trinta justos?".
Ele respondeu:
"Também não o faria, se encontrasse trinta".
³¹ Tornou Abraão a insistir:
"Já que me atrevi a falar a meu Senhor,
e se houver vinte justos?"
Ele respondeu:
"Não a iria destruir por causa dos vinte".
³² Abraão disse:
"Que o meu Senhor não se irrite,
se eu falar só mais uma vez:
e se houvesse apenas dez?"
Ele respondeu:
"Por causa dos dez, não a destruiria".
³³ Tendo acabado de falar, o Senhor retirou-se,
e Abraão voltou para a sua tenda.
Palavra do Senhor.

104.   Ex 17,1-7

*Tentaram o Senhor, dizendo:
"O Senhor está no meio de nós, ou não?"*

Leitura do Livro do Êxodo

Naqueles dias:
¹ Toda a comunidade dos filhos de Israel
partiu do deserto de Sin
e, seguindo as etapas indicadas pelo Senhor,
acamparam em Rafidim,
onde o povo não encontrou água para beber.
² Então o povo começou a disputar com Moisés,
dizendo:
"Dá-nos água para beber!"
Moisés respondeu-lhes:
"Por que disputais comigo?
Por que tentais o Senhor?"
³ Mas o povo, sedento de água,
murmurava contra Moisés e dizia:
"Por que nos fizeste sair do Egito?
Foi para nos fazer morrer de sede,
a nós, nossos filhos e nosso gado?"
⁴ Moisés clamou ao Senhor, dizendo:
"Que farei por este povo?

Por pouco não me apedrejam!"
⁵ O Senhor disse a Moisés:
"Passa adiante do povo
e leva contigo alguns anciãos de Israel.
Toma a tua vara com que feriste o rio Nilo e vai.
⁶ Eu estarei lá, diante de ti, sobre o rochedo,
no monte Horeb.
Ferirás a pedra
e dela sairá água para o povo beber".
Moisés assim fez na presença dos anciãos de
Israel.
⁷ E deu àquele lugar o nome de Massa e Meriba,
por causa da disputa dos filhos de Israel
e porque tentaram o Senhor,
dizendo: "O Senhor está
no meio de nós, ou não?"
Palavra do Senhor.

105.   Ex 20,1-21

*"Eu sou o Senhor teu Deus...
Não terás outros deuses."*

Leitura do Livro do Êxodo

¹ Deus pronunciou todas estas palavras:
² "Eu sou o Senhor teu Deus que te tirou do Egito,
da casa da escravidão.
³ Não terás outros deuses além de mim.
⁴ Não farás para ti imagem esculpida,
nem figura alguma
do que existe em cima, nos céus,
ou embaixo, na terra,
ou do que existe nas águas, debaixo da terra.
⁵ Não te prostrarás diante destes deuses
nem lhes prestarás culto,
pois eu sou o Senhor teu Deus, um Deus ciumento.
Castigo a culpa dos pais nos filhos
até à terceira e quarta geração dos que me odeiam,
⁶ mas uso da misericórdia por mil gerações
com aqueles que me amam
e guardam os meus mandamentos.
⁷ Não pronunciarás o nome do Senhor teu Deus
em vão, porque o Senhor não deixará
sem castigo quem pronunciar seu nome em vão.

⁸ Lembra-te de santificar o dia de sábado.
⁹ Trabalharás durante seis dias
e farás todos os teus trabalhos,
¹⁰ mas o sétimo dia é sábado dedicado
ao Senhor teu Deus.
Não farás trabalho algum,
nem tu, nem teu filho, nem tua filha,
nem teu escravo, nem tua escrava, nem teu gado,
nem o estrangeiro que vive em tuas cidades.
¹¹ Porque o Senhor fez em seis dias o céu e a terra,
o mar e tudo o que eles contêm;
mas no sétimo dia descansou.
Por isso o Senhor abençoou o dia do sábado
e o santificou.
¹² Honra teu pai e tua mãe,
para que vivas longos anos
na terra que o Senhor teu Deus te dará.
¹³ Não matarás.
¹⁴ Não cometerás adultério.
¹⁵ Não furtarás.
¹⁶ Não levantarás falso testemunho
contra o teu próximo.
¹⁷ Não cobiçarás a casa do teu próximo.
Não cobiçarás a mulher do teu próximo,
nem seu escravo, nem sua escrava,
nem seu boi, nem seu jumento,
nem coisa alguma que lhe pertença".

[18] Ora, todo o povo via os trovões,
os relâmpagos, o som da trombeta
e a montanha fumegando,
e, aterrorizado, abalado com pavor,
manteve-se à distância.
[19] E disseram a Moisés:
"Fala-nos tu, e nós te ouviremos.
Não nos fale o próprio Deus,
para que não morramos".
[20] E Moisés disse ao povo:
"Não temais, pois o Senhor veio para vos provar
e para que o seu temor esteja em vós,
e não pequeis".
[21] O povo mantinha-se à distância,
enquanto Moisés se aproximou da nuvem escura
onde Deus estava.
Palavra do Senhor.

106. **Dt 6,4-9**

Amarás o Senhor teu Deus com todo o teu coração.

Leitura do Livro do Deuteronômio

Naqueles dias, Moisés falou ao povo, dizendo:
⁴ Ouve, Israel,
o Senhor nosso Deus é o único Senhor.
⁵ Amarás o Senhor teu Deus
com todo o teu coração,
com toda a tua alma
e com todas as tuas forças.
⁶ E trarás gravadas em teu coração
todas estas palavras que hoje te ordeno.
⁷ Tu as repetirás com insistência aos teus filhos
e delas falarás quando estiveres sentado em tua
casa, ou andando pelos caminhos,
quando te deitares, ou te levantares.
⁸ Tu as prenderás como sinal em tua mão
e as colocarás como um sinal entre os teus olhos;
⁹ tu as escreverás nas entradas da tua casa
e nas portas da tua cidade.
Palavra do Senhor.

107. Dt 9,7-19

Depressa se desviaram do caminho
que lhes prescrevi.

Leitura do Livro do Deuteronômio

Naqueles dias, Moisés falou ao povo, dizendo:
⁷ "Lembra-te, não te esqueças
de que modo provocaste a ira
do Senhor teu Deus no deserto.
Desde o dia em que saíste do Egito
até chegares a este lugar,
foste rebelde ao Senhor.
⁸ Já em Horeb o provocastes
e ele, irado, vos quis exterminar.
⁹ Quando subi à montanha
para receber as tábuas de pedra,
as tábuas da aliança
que o Senhor havia concluído convosco,
fiquei lá quarenta dias e quarenta noites,
sem comer pão nem beber água.
¹⁰ Então o Senhor me deu as duas tábuas de pedra
escritas com o dedo de Deus, nas quais estavam
todas as palavras que o Senhor vos tinha dito
na montanha, do meio do fogo, quando todo o
povo estava reunido.

¹¹ E, passados quarenta dias e outras tantas noites,
o Senhor me deu as duas tábuas de pedra,
as tábuas da aliança,
¹² e me disse: 'Levanta-te,
desce imediatamente daqui,
porque pecou o povo que tiraste do Egito.
Depressa se desviaram do caminho
que lhes prescrevi,
fazendo para si uma imagem fundida'.
¹³ E o Senhor tornou a dizer-me:
'Já vi que este é um povo de cabeça dura.
¹⁴ Deixa-me destruí-lo
e apagar o seu nome debaixo dos céus.
Mas de ti farei uma nação mais poderosa
e mais numerosa do que este povo'.
¹⁵ Pus-me, então, a descer a montanha
que estava toda em fogo,
trazendo em minhas mãos
as duas tábuas da aliança.
¹⁶ E olhando, percebi
que havíeis pecado contra o Senhor vosso Deus.
Tínheis feito um bezerro fundido,
não tardando a afastar-vos do caminho
que o Senhor vos traçara.
¹⁷ Tomei, então, as duas tábuas
e com minhas mãos arremessei-as ao chão,
quebrando-as ante os vossos olhos.

¹⁸Depois prostrei-me na presença do Senhor,
como da primeira vez,
durante quarenta dias e quarenta noites,
sem comer pão nem beber água,
por causa dos pecados que havíeis cometido,
fazendo o que desagrada ao Senhor,
provocando-o à ira.
¹⁹Temi, então, sua indignação e sua cólera,
com que o Senhor vos ameaçava,
a ponto de vos querer exterminar.
Mas ainda desta vez o Senhor me ouviu.
Palavra do Senhor.

108. **Dt 30,15-20**

Vê que eu hoje te proponho a vida e a felicidade,
a morte e a desgraça.

Leitura do Livro do Deuteronômio

Moisés falou ao povo dizendo:
¹⁵ Vê que eu hoje te proponho
a vida e a felicidade, a morte e a desgraça.
¹⁶ Se obedeceres aos preceitos do Senhor teu Deus,
que eu hoje te ordeno,

amando ao Senhor teu Deus,
seguindo seus caminhos e guardando
seus mandamentos, suas leis e seus decretos,
viverás e te multiplicarás,
e o Senhor teu Deus te abençoará
na terra em que vais entrar, para possuí-la.
[17] Se, porém, o teu coração se desviar
e não quiseres escutar,
e se, deixando-te levar pelo erro,
adorares deuses estranhos e os servires,
[18] eu vos anuncio hoje que certamente perecereis.
Não vivereis muito tempo na terra onde ides entrar,
depois de atravessar o Jordão, para ocupá-la.
[19] Tomo hoje o céu e a terra como testemunhas
contra vós,
de que vos propus a vida e a morte, a bênção e
a maldição.
Escolhe, pois, a vida,
para que vivas, tu e teus descendentes,
[20] amando ao Senhor teu Deus,
obedecendo à sua voz e apegando-te a ele
– pois ele é a tua vida e prolonga os teus dias –,
a fim de que habites na terra
que o Senhor jurou dar a teus pais Abraão,
Isaac e Jacó".
Palavra do Senhor.

109.   2Sm 12,1-9.13

Davi disse a Natã: "Pequei contra o Senhor".
Natã respondeu-lhe: "De sua parte, o Senhor
perdoou o teu pecado, de modo que não morrerás!"

Leitura do Segundo Livro de Samuel

¹ O Senhor mandou o profeta Natã a Davi.
Ele foi ter com o rei e lhe disse:
"Numa cidade havia dois homens,
um rico e outro pobre.
² O rico possuía ovelhas e bois em grande número.
³ O pobre só possuía uma ovelha pequenina,
que tinha comprado e criado.
Ela crescera em sua casa junto com seus filhos,
comendo do seu pão, bebendo do mesmo copo,
dormindo no seu regaço.
Era para ele como uma filha.
⁴ Veio um hóspede à casa do homem rico,
e este não quis tomar uma das suas ovelhas
ou um dos seus bois para preparar um banquete
e dar de comer ao hóspede que chegara.
Mas foi, apoderou-se da ovelhinha do pobre
e preparou-a para o visitante".
⁵ Davi ficou indignado contra esse homem
e disse a Natã:

"Pela vida do Senhor,
o homem que fez isso merece a morte!
⁶ Pagará quatro vezes o valor da ovelha,
por ter feito o que fez
e não ter tido compaixão".
⁷ Natã disse a Davi:
"Esse homem és tu!
Assim diz o Senhor, o Deus de Israel:
Eu te ungi como rei de Israel,
e salvei-te das mãos de Saul.
⁸ Dei-te a casa do teu senhor
e pus nos teus braços as mulheres do teu senhor,
entregando-te também a casa de Israel e de Judá;
e, se isto te parece pouco,
vou acrescentar outros favores.
⁹ Por que desprezaste a palavra do Senhor,
fazendo o que lhe desagrada?
Feriste à espada o hitita Urias,
para fazer da sua mulher a tua esposa,
fazendo-o morrer pela espada dos amonitas.
¹³ Davi disse a Natã:
"Pequei contra o Senhor".
Natã respondeu-lhe:
"De sua parte, o Senhor perdoou o teu pecado,
de modo que não morrerás!"
Palavra do Senhor.

110. Ne 9,1-20

*Os israelitas se reuniram para o jejum
e confessavam os seus pecados.*

Leitura do Livro de Neemias

¹ No vigésimo quarto dia daquele mês,
os israelitas se reuniram para o jejum,
vestidos de sacos e com a cabeça coberta de terra.
² Os israelitas evitaram o contato com estrangeiros
e se apresentaram para confessar seus pecados
e as culpas dos antepassados.
³ Depois se levantaram, cada qual em seu lugar,
e durante a quarta parte do dia
se fez leitura do Livro da Lei do Senhor Deus;
por outro quarto do dia confessavam os pecados
e se prostravam diante do Senhor Deus.
⁴ Sobre o estrado dos levitas
apareceram Josué, Benui, Cadmiel, Sebanias,
Buni, Serebias, Bani e Canani
e rezaram em altas vozes ao Senhor Deus.
⁵ E os levitas Josué, Cadmiel, Bani, Hasabnéias,
Serebias, Hodias, Sebanias e Fetaías disseram:
"Levantai-vos, louvai o Senhor vosso Deus!
Louvado sejais, ó Senhor nosso Deus,
para todo o sempre.

Louvado seja teu nome glorioso,
que vale mais do que qualquer louvação.
⁶ Tu, Senhor, és o único!
Tu fizeste o céu,
o céu dos céus e todo o seu exército;
a terra e tudo que existe sobre ela;
os mares e tudo que eles contêm.
És tu que conservas a vida de todos;
a ti adora o exército celeste.
⁷ Tu és o Deus Senhor, que escolheste Abrão,
o tiraste de Ur da Caldéia e lhe deste
o nome de Abraão.
⁸ Encontraste nele um coração fiel para contigo
e fizeste com ele uma aliança,
prometendo dar-lhe a terra de Canaã,
pertencente aos hititas e amorreus,
aos fereseus, jebuseus e gergeseus;
prometeste dá-la a ele e à sua descendência.
⁹ Viste a miséria de nossos pais no Egito
e ouviste seus clamores no mar Vermelho.
¹⁰ Fizeste milagres e prodígios contra o Faraó,
seus servidores e todo o seu povo.
Pois bem sabias com que arrogância
os tinham tratado.
E assim conquistaste um renome, que dura até hoje.
¹¹ Fendeste o mar diante deles:
eles passaram o mar a pé enxuto;

aos perseguidores atiraste no abismo,
como uma pedra em águas impetuosas.
¹² Numa coluna de nuvem os conduziste de dia
e numa coluna de fogo de noite,
iluminando-lhes o caminho
que estavam seguindo.
¹³ Desceste sobre o monte Sinai
e falaste com eles do céu,
dando-lhes decretos segundo a retidão,
leis segundo a justiça,
boas normas e bons mandamentos.
¹⁴ Revelaste-lhes teu sábado sagrado,
lhes deste mandamentos, normas e uma Lei,
por intermédio de teu servidor Moisés.
¹⁵ Para a fome lhes deste pão do céu,
para a sede lhes deste água do rochedo.
E lhes disseste que fossem ocupar a terra,
que juraste dar.
¹⁶ Mas nossos pais se tornaram arrogantes;
endureceram a nuca e não quiseram
obedecer aos mandamentos.
¹⁷ Recusaram a obediência,
esquecendo os prodígios
que fizeste em favor deles.
Mostraram-se rebeldes e obstinados,
querendo voltar à escravidão no Egito.
Mas tu és um Deus que perdoa,

benigno e misericordioso,
paciente e rico em bondade.
Por isso não os abandonaste.
¹⁸ Até fizeram um bezerro de metal fundido, dizendo:
'Este é teu Deus que te tirou do Egito'.
Tais as blasfêmias que disseram.
¹⁹ Mas na tua imensa misericórdia
não os abandonaste no deserto.
Não se retirou deles a coluna de nuvem
durante o dia,
guiando-os durante a viagem;
nem a coluna de fogo durante a noite,
iluminando-lhes o caminho que seguiam.
²⁰ Deste teu bom espírito para lhes abrir
o entendimento.
Não lhes privaste a boca do maná
e lhes deste água para matar a sede".
Palavra do Senhor.

111. **Sb 1,1-16**

> *Amai a justiça, pois a Sabedoria*
> *não entra numa alma que trama o mal*
> *nem mora num corpo sujeito ao pecado.*

Leitura do Livro da Sabedoria

¹ Amai a justiça, vós que governais a terra;
tende bons sentimentos para com o Senhor
e procurai-o com simplicidade de coração.
² Ele se deixa encontrar pelos que não exigem provas,
e se manifesta aos que nele confiam.
³ Pois os pensamentos perversos afastam de Deus;
e seu poder, posto à prova, confunde os insensatos.
⁴ A Sabedoria não entra numa alma que trama o
mal nem mora num corpo sujeito ao pecado.
⁵ O espírito santo, que a ensina, foge da astúcia,
afasta-se dos pensamentos insensatos
e retrai-se quando sobrevém a injustiça.
⁶ Com efeito, a Sabedoria é o espírito que ama os
homens, mas não deixa sem castigo
quem blasfema com seus próprios lábios,
pois Deus é testemunha dos seus pensamentos,
investiga seu coração segundo a verdade
e mantém-se à escuta da sua língua;

⁷ porque o espírito do Senhor enche toda a terra,
   mantém unidas todas as coisas
   e tem conhecimento de tudo o que se diz.
⁸ Por isso quem fala com iniqüidade
   não pode ficar oculto
   nem escapar da justiça vingadora.
⁹ Haverá investigação sobre os planos do ímpio:
   o barulho de sua palavra chegará até ao Senhor
   para castigo de seus crimes;
¹⁰ um ouvido atento escuta tudo,
   não lhe escapa sequer o murmúrio dos cochichos.
¹¹ Acautelai-vos, pois, com a murmuração inútil,
   preservai a língua da maledicência;
   não há palavra oculta que caia no vazio
   e a boca mentirosa mata a alma.
¹² Não procureis a morte com uma vida desregrada,
   não provoqueis a ruína
   com as obras de vossas mãos;
¹³ porque Deus não fez a morte,
   nem tem prazer com a destruição dos vivos.
¹⁴ Ele criou todas as coisas para existirem,
   e as criaturas do mundo são saudáveis:
   nelas não há nenhum veneno de morte,
   nem é a morte que reina sobre a terra:
¹⁵ pois a justiça é imortal.
¹⁶ Mas os ímpios chamam a morte
   com gestos e palavras;

considerando-a amiga, desejam-na com paixão,
fazem aliança com ela:
merecem ser do seu partido.
Palavra do Senhor.

112. **Sb 5,1-16**

A esperança do ímpio é como poeira
levada pelo vento. Mas os justos,
ao contrário, viverão eternamente.

Leitura do Livro da Sabedoria

¹ Então o justo ficará de pé, com grande confiança,
na presença dos que o oprimiram
e dos que desprezaram seus sofrimentos.
² Vendo-o, eles serão tomados de terrível pavor,
espantados de ver sua salvação inesperada;
³ dirão entre si, arrependidos,
entre gemidos, com a alma angustiada:
⁴ "Este é aquele de quem outrora zombávamos,
a quem cobrimos de insultos.
Insensatos, consideramos a sua vida uma loucura
e sua morte uma vergonha.
⁵ Como, então, agora ele é contado
entre os filhos de Deus,
e compartilha a sorte dos santos?

⁶ Portanto, nós nos desviamos
do caminho da verdade,
a luz da justiça não brilhou sobre nós
e o sol não nasceu para nós;
⁷ ficamos embaraçados nos caminhos
da iniqüidade e da perdição,
atravessamos desertos intransitáveis
e ignoramos o caminho do Senhor!
⁸ Que proveito nos trouxe o orgulho?
Que vantagem nos trouxe a riqueza unida
à arrogância?
⁹ Tudo isso passou como uma sombra,
como notícia inconsistente,
¹⁰ como um navio que corta as ondas agitadas,
sem deixar rastro de sua passagem
ou o sulco da sua quilha pelas ondas;
¹¹ ou como o pássaro que voa pelos ares
sem deixar sinais de seu percurso;
açoitando o leve ar, com suas penas,
rasga-o com força impetuosa,
abre caminho com o bater das asas,
sem que se encontre nenhum sinal de sua rota;
¹² ou como a flecha disparada contra o alvo:
cicatriza num instante o ar fendido,
ignorando-se o rumo que tomou.
¹³ Assim também nós, mal nascemos,
já desaparecemos,

sem mostrarmos qualquer traço de virtude;
na malícia nos deixamos consumir".
¹⁴ Assim, a esperança do ímpio é como poeira
levada pelo vento,
como névoa miúda que a tempestade espalha;
ela se dissipa como a fumaça pelo vento,
apaga-se como a lembrança do hóspede de um dia!
¹⁵ Mas os justos, ao contrário, viverão eternamente.
No Senhor está sua recompensa
e o Altíssimo cuida deles.
¹⁶ Por isso receberão das mãos do Senhor
a gloriosa coroa real e o diadema do esplendor,
porque com a direita os protegerá
e com o braço, como escudo, os cobrirá.
Palavra do Senhor.

113.

Eclo 28,1-7

Perdoa a injustiça cometida por teu próximo:
assim, quando orares, teus pecados
serão perdoados.

Leitura do Livro do Eclesiástico

[1] Quem se vingar encontrará a vingança do Senhor,
que pedirá severas contas dos seus pecados.
[2] Perdoa a injustiça cometida por teu próximo:
assim, quando orares, teus pecados serão
perdoados.
[3] Se alguém guarda raiva contra o outro,
como poderá pedir a Deus a cura?
[4] Se não tem compaixão do seu semelhante,
como poderá pedir perdão dos seus pecados?
[5] Se ele, que é um mortal, guarda rancor,
quem é que vai alcançar perdão para os seus
pecados?
[6] Lembra-te do teu fim e deixa de odiar;
[7] pensa na destruição e na morte,
e persevera nos mandamentos.
Palavra do Senhor.

114. Is 1,2-6.15-18

*Criei e fiz crescer meus filhos,
mas eles me desprezaram.*

Leitura do Livro do Profeta Isaías

² Ouvi, ó céus, presta ouvidos, ó terra,
pois é o Senhor quem falou:
"Criei e fiz crescer meus filhos,
mas eles me desprezaram.
³ O boi reconhece o seu dono
e o burro, a manjedoura do seu senhor;
mas Israel não me conhece,
meu povo não quer entender".
⁴ Ai da nação pecadora,
povo cheio de maldade,
geração de malfeitores, filhos degenerados!
Abandonaram o Senhor,
desprezaram o Santo de Israel,
voltaram para trás.
⁵ De que valem novos golpes sobre vós,
se continuais prevaricando?
A cabeça toda é uma chaga,
o coração está esgotado;

⁶ da planta dos pés à cabeça
não há nele nada de intacto:
feridas, contusões e chagas expostas
não são curadas, não são enfaixadas,
nem recebem o remédio do ungüento.
¹⁵ Quando estendeis as vossas mãos,
escondo de vós os meus olhos.
Ainda que multipliqueis a oração,
eu não ouço:
Vossas mãos estão cheias de sangue!
¹⁶ Lavai-vos, purificai-vos.
Tirai a maldade de vossas ações
de minha frente.
Deixai de fazer o mal!
¹⁷ Aprendei a fazer o bem!
Procurai o direito, corrigi o opressor.
Julgai a causa do órfão, defendei a viúva.
¹⁸ Vinde, debatamos - diz o Senhor.
Ainda que vossos pecados sejam como púrpura,
tornar-se-ão brancos como a neve.
Se forem vermelhos como o carmesim,
tornar-se-ão como lã.
Palavra do Senhor.

115. **Is 5,1-7**

Um amigo meu possuía uma vinha.
Esperava que ela produzisse uvas boas,
mas produziu uvas selvagens.

Leitura do Livro do Profeta Isaías

¹ Vou cantar para o meu amado
o cântico da vinha de um amigo meu:
Um amigo meu possuía uma vinha em fértil encosta.
² Cercou-a,
limpou-a de pedras,
plantou videiras escolhidas,
edificou uma torre no meio
e construiu um lagar;
esperava que ela produzisse uvas boas,
mas produziu uvas selvagens.
³ Agora, habitantes de Jerusalém
e cidadãos de Judá,
julgai a minha situação e a de minha vinha.
⁴ O que poderia eu ter feito a mais por minha vinha e não fiz?
Eu contava com uvas de verdade,
mas por que produziu ela uvas selvagens?

⁵ Pois agora vou mostrar-vos
o que farei com minha vinha:
vou desmanchar a cerca,
e ela será devastada;
vou derrubar o muro,
e ela será pisoteada.
⁶ Vou deixá-la inculta e selvagem:
ela não terá poda nem lavra,
espinhos e sarças tomarão conta dela;
não deixarei as nuvens derramar a chuva sobre ela.
⁷ Pois bem, a vinha do Senhor dos exércitos
é a casa de Israel,
e o povo de Judá, sua dileta plantação;
eu esperava deles frutos de justiça -
e eis injustiça;
esperava obras de bondade -
e eis iniqüidade.
Palavra do Senhor.

116.   Is 43,22-28

*Sou eu, eu mesmo, que cancelo
tuas culpas por minha causa.*

Leitura do Livro do Profeta Isaías

Assim fala o Senhor:
²² Tu, Jacó, não me invocaste,
e tu, Israel, de mim te fatigaste.
²³ Não me ofereceste em holocausto tuas ovelhas
nem me honraste com os teus sacrifícios;
não te sobrecarreguei com oblações
nem te fatiguei com o tributo do incenso.
²⁴ Não compraste para mim o caniço aromático
a peso de ouro
nem me satisfizeste com a gordura das vítimas;
mas sim com teus pecados, trataste-me como
servo, cansando-me com tuas maldades.
²⁵ Sou eu, eu mesmo,
que cancelo tuas culpas por minha causa
e já não me lembrarei de teus pecados.
²⁶ Apresenta tua acusação contra mim,
vamos discutir juntos a causa,
conta-me tu, para saíres absolvido.
²⁷ Já teu primeiro pai errou,
e teus porta-vozes se rebelaram contra mim.

²⁸ Por isso profanei os príncipes consagrados,
   entreguei Jacó ao extermínio
   e Israel aos vitupérios.
   Palavra do Senhor.

117.   **Is 53,1-12**

O Senhor fez recair sobre ele o pecado de todos nós.

Leitura do Livro do Profeta Isaías

¹ "Quem de nós deu crédito ao que ouvimos?
  E a quem foi dado reconhecer a força do Senhor?
² Diante do Senhor ele cresceu como renovo
  de planta ou como raiz em terra seca.
  Não tinha beleza nem atrativo para o olharmos,
  não tinha aparência que nos agradasse.
³ Era desprezado como o último dos mortais,
  homem coberto de dores, cheio de sofrimentos;
  passando por ele, tapávamos o rosto;
  tão desprezível era, não fazíamos caso dele.
⁴ A verdade é que ele tomava sobre si
  nossas enfermidades
  e sofria, ele mesmo, nossas dores;
  e nós pensávamos fosse um chagado,
  golpeado por Deus e humilhado!

⁵ Mas ele foi ferido por causa de nossos pecados,
esmagado por causa de nossos crimes;
a punição a ele imposta era o preço da nossa paz,
e suas feridas, o preço da nossa cura.
⁶ Todos nós vagávamos como ovelhas desgarradas,
cada qual seguindo seu caminho;
e o Senhor fez recair sobre ele
o pecado de todos nós".
⁷ Foi maltratado, e submeteu-se,
não abriu a boca;
como cordeiro levado ao matadouro
ou como ovelha diante dos que a tosquiam,
ele não abriu a boca.
⁸ Foi atormentado pela angústia e foi condenado.
Quem se preocuparia com sua história de origem?
Ele foi eliminado do mundo dos vivos;
e por causa do pecado do meu povo
foi golpeado até morrer.
⁹ Deram-lhe sepultura entre ímpios,
um túmulo entre os ricos,
porque ele não praticou o mal
nem se encontrou falsidade em suas palavras.
¹⁰ O Senhor quis macerá-lo com sofrimentos.
Oferecendo sua vida em expiação,
ele terá descendência duradoura,
e fará cumprir com êxito a vontade do Senhor.

¹¹ Por esta vida de sofrimento,
alcançará luz e uma ciência perfeita.
Meu Servo, o justo, fará justos inúmeros homens,
carregando sobre si suas culpas.
¹² Por isso, compartilharei com ele multidões
e ele repartirá suas riquezas com os valentes
seguidores,
pois entregou o corpo à morte,
sendo contado como um malfeitor;
ele, na verdade, resgatava o pecado de todos
e intercedia em favor dos pecadores.
Palavra do Senhor.

118.   **Is 55,1-11**

Abandone o ímpio seu caminho,
e o homem injusto, suas maquinações;
volte para o Senhor, que terá piedade dele,
volte para nosso Deus, que é generoso no perdão.

Leitura do Livro do Profeta Isaías

¹ Ó vós todos que estais com sede, vinde às águas;
vós que não tendes dinheiro, apressai-vos,
vinde e comei, vinde comprar sem dinheiro,
tomar vinho e leite, sem nenhuma paga.

² Por que gastar dinheiro com outra coisa
que não o pão,
desperdiçar o salário senão com satisfação
completa?
Ouvi-me com atenção, e alimentai-vos bem,
para deleite e revigoramento do vosso corpo.
³ Inclinai vosso ouvido e vinde a mim,
ouvi e tereis vida;
farei convosco um pacto eterno,
manterei fielmente as graças concedidas a Davi.
⁴ Eis que fiz dele uma testemunha para os povos,
chefe e mestre para as nações.
⁵ Eis que chamarás uma nação que não conhecias,
e acorrerão a ti povos que não te conheciam,
por causa do Senhor, teu Deus,
e do Santo de Israel, que te glorificou.
⁶ Buscai o Senhor, enquanto pode ser achado;
invocai-o, enquanto ele está perto.
⁷ Abandone o ímpio seu caminho,
e o homem injusto, suas maquinações;
volte para o Senhor, que terá piedade dele,
volte para nosso Deus, que é generoso no perdão.
⁸ Meus pensamentos não são como os vossos
pensamentos e vossos caminhos
não são como os meus caminhos, diz o Senhor.
⁹ Estão meus caminhos tão acima
dos vossos caminhos

e meus pensamentos acima
dos vossos pensamentos,
quanto está o céu acima da terra.
¹⁰ Assim como a chuva e a neve descem do céu
e para lá não voltam mais,
mas vêm irrigar e fecundar a terra,
e fazê-la germinar
e dar semente, para o plantio e para a alimentação,
¹¹ assim a palavra que sair de minha boca;
não voltará para mim, vazia;
antes, realizará tudo que for de minha vontade
e produzirá os efeitos que pretendi, ao enviá-la.
Palavra do Senhor.

119. **Is 58,1-11**

*Se acolheres de coração aberto o indigente
e prestares todo socorro ao necessitado,
nascerá nas trevas a tua luz.*

Leitura do Livro do Profeta Isaías

Assim fala o Senhor:
¹ Grita forte, sem cessar,
levanta a voz como trombeta

e denuncia os crimes do meu povo
e os pecados da casa de Jacó.
² Buscam-me cada dia
e desejam conhecer meus propósitos,
como gente que pratica a justiça
e não abandonou a lei de Deus.
Exigem de mim julgamentos justos
e querem estar na proximidade de Deus:
³ "Por que não te regozijaste, quando jejuávamos,
e o ignoraste, quando nos humilhávamos?"
– É porque no dia do vosso jejum tratais de negócios
e oprimis os vossos empregados.
⁴ É porque ao mesmo tempo que jejuais,
fazeis litígios e brigas
e agressões impiedosas.
Não façais jejum com esse espírito,
se quereis que vosso pedido seja ouvido no céu.
⁵ Acaso é esse jejum que aprecio,
o dia em que uma pessoa se mortifica?
Trata-se talvez de curvar a cabeça como junco,
e de deitar-se em saco e sobre cinza?
Acaso chamas a isso jejum,
dia grato ao Senhor?
⁶ Acaso o jejum que prefiro não é outro:
– quebrar as cadeias injustas,
desligar as amarras do jugo,

tornar livres os que estão detidos,
enfim, romper todo tipo de sujeição?
⁷ Não é repartir o pão com o faminto,
acolher em casa os pobres e peregrinos?
Quando encontrares um nu, cobre-o,
e não desprezes a tua carne.
⁸ Então, brilhará tua luz como a aurora
e tua saúde há de recuperar-se mais depressa;
à frente caminhará tua justiça
e a glória do Senhor te seguirá.
⁹ Então invocarás o Senhor e ele te atenderá,
pedirás socorro, e ele dirá: "Eis-me aqui".
Se destruíres teus instrumentos de opressão,
e deixares os hábitos autoritários
e a linguagem maldosa;
¹⁰ se acolheres de coração aberto o indigente
e prestares todo socorro ao necessitado,
nascerá nas trevas a tua luz
e tua vida obscura será como o meio-dia.
¹¹ O Senhor te conduzirá sempre
e saciará tua sede na aridez da vida,
e renovará o vigor do teu corpo;
serás como um jardim bem regado,
como uma fonte de águas que jamais secarão.
Palavra do Senhor.

120. Is 59,1-4. 9-15

*As vossas iniqüidades cavaram
o abismo entre vós e vosso Deus.*

Leitura do Livro do Profeta Isaías

¹ Prestai atenção!
A mão do Senhor não é incapaz de salvar,
tampouco seu ouvido é mouco para ouvir.
² Ao contrário, são as vossas iniqüidades
que cavaram o abismo entre vós e vosso Deus,
são vossos pecados que ocultaram de vós
sua face, para não vos escutar.
³ Com efeito, vossas mãos estão manchadas de
sangue e vossos dedos, de crimes;
vossos lábios proferem mentiras
e vossa língua sussurra impiedades.
⁴ Não há quem instaure um processo justo,
nem quem defenda uma causa verdadeira;
confiam em futilidades e proferem falsidades;
concebem desgraças e dão à luz maldades.
⁹ Por isso o direito está longe de nós,
e não chegou até nós a justiça,
aguardamos ansiosamente a luz e eis as trevas,
ansiamos pelo romper do dia
e andamos na escuridão.

¹⁰ Como cegos apalpamos a parede,
 como se não tivéssemos olhos, andamos tateando;
 tropeçamos em pleno meio-dia como no crepúsculo,
 como mortos no cemitério.
¹¹ Todos nós rugimos como ursos e arrulhamos
 como pombas.
 Suspiramos pelo direito e não vem,
 pela salvação e está longe de nós.
¹² Pois muitas vezes nos rebelamos contra ti
 e nosso pecado nos acusa;
 sim, temos consciência das nossas rebeldias
 e reconhecemos as nossas iniquidades.
¹³ Rebelamo-nos e renegamos o Senhor,
 recusamo-nos a seguir nosso Deus;
 proferimos palavras de extorsão e apostasia,
 murmuramos discursos fraudulentos,
 concebidos no coração.
¹⁴ Por isso o direito foi rechaçado
 e a justiça mantém-se à distância,
 pois a honestidade tropeça na praça
 e a retidão não encontra acesso.
¹⁵ Por isso sente-se a falta da honestidade
 e quem evita o mal, é despojado.
 Palavra do Senhor.

121.   Jr 2,1-13

Dois pecados cometeu meu povo: abandonou-me a mim, fonte de água viva, e preferiu cavar cisternas, cisternas defeituosas que não podem reter água.

Leitura do Livro do Profeta Jeremias

¹ A palavra do Senhor foi-me dirigida, dizendo:
² "Vai e grita aos ouvidos de Jerusalém.
Isto diz o Senhor:
Lembro-me de ti, da afeição da jovem,
do amor da noiva,
de quando me seguias no deserto,
numa terra inculta.
³ Israel, consagrado ao Senhor,
era como as primícias de sua colheita;
todos os que dele comiam, pecavam;
males caíam sobre eles",
diz o Senhor.
⁴ Ouvi a palavra do Senhor, ó casa de Jacó
e todas as famílias da casa de Israel.
⁵ Isto diz o Senhor:
"Que maldade acharam em mim vossos pais
para se afastarem de mim
e correrem atrás da falsidade
e se tornarem falsos?

⁶ Não disseram eles: 'Onde está o Senhor,
que nos fez sair da terra do Egito,
que nos fez atravessar o deserto,
terras inóspitas e intransitáveis,
terras sem água, poeirentas,
terras onde ninguém morou,
onde não houve povoações?'.
⁷ Eu vos introduzi numa terra de pomares,
para que gozásseis de seus melhores produtos,
mas, apenas chegados, contaminastes o país
e tornastes abominável minha herança.
⁸ Os sacerdotes nem perguntaram
onde está o Senhor.
Os versados na Lei não me reconheceram,
e os chefes do povo voltaram-me as costas,
os profetas profetizaram em nome de Baal
e correram atrás de coisas que para nada servem.
⁹ Por isso tenho ainda que discutir convosco,
diz o Senhor,
e disputarei com os filhos de vossos filhos.
¹⁰ Passai às cidades de Cetim e vede,
tomai contato com Cedar, tentai com esforço
saber se assim aconteceu:
¹¹ se o povo mudou seus deuses,
e saber que de fato esses não são deuses;
pois o meu povo transformou sua glória
em algo que para nada serve.

¹² Ó céus, espantai-vos diante disso,
  enchei-vos de grande horror, diz o Senhor.
¹³ Dois pecados cometeu meu povo:
  abandonou-me a mim, fonte de água viva,
  e preferiu cavar cisternas, cisternas defeituosas
  que não podem reter água.
  Palavra do Senhor.

122.   **Jr 7,21-26**

Ouvi a minha voz, assim serei o vosso Deus,
e vós sereis o meu povo.

Leitura do Livro do Profeta Jeremias

²¹ Isto diz o Senhor dos exércitos, o Deus de Israel:
  Podeis juntar os holocaustos às vossas vítimas
  e comer as carnes,
²² porque disso não falei a vossos pais
  nem lhes dei ordem,
  no tempo em que os retirei da terra do Egito,
  em relação aos holocaustos e vítimas.
²³ Mas eu lhes dei esta ordem:
  Ouvi a minha voz, assim serei o vosso Deus,
  e vós sereis o meu povo;
  e segui adiante por todo o caminho
  que eu vos indicar para serdes felizes.

²⁴ Mas eles não ouviram e não prestaram atenção;
ao contrário, seguindo as más inclinações do
coração, andaram para trás e não para a frente,
²⁵ desde o dia em que seus pais saíram do Egito
até ao dia de hoje.
A todos enviei meus servos, os profetas,
e enviei-os cada dia, começando bem cedo;
²⁶ mas não ouviram e não prestaram atenção;
ao contrário, obstinaram-se no erro,
procedendo ainda pior que seus pais.
²⁷ Se falares todas essas coisas, eles não te escutarão,
e, se os chamares, não te darão resposta.
Palavra do Senhor.

123.   **Ez 11,14-21**

*Removerei do seu corpo o coração de pedra
e lhes darei um coração de carne,
a fim de que andem segundo minhas leis.*

Leitura da Profecia de Ezequiel

¹⁴ A palavra do Senhor foi-me dirigida nestes
termos:
¹⁵ "Filho do homem, é dos teus irmãos,
dos teus parentes, de toda a casa de Israel,

que os habitantes de Jerusalém andam dizendo:
'Eles estão longe do Senhor.
A nós é que foi dada a terra como herança!'.
¹⁶ Por isso, assim diz o Senhor Deus:
Apesar de eu os ter afastado entre as nações
e dispersado pelos países,
tornei-me para eles, por um pouco de tempo,
um santuário nos países para onde foram.
¹⁷ Dize-lhes, portanto: Assim fala o Senhor Deus:
Eu vos recolherei dentre os povos
e vos reunirei dentre os países pelos quais
fostes dispersados, e vos darei a terra de Israel.
¹⁸ Quando ali entrarem,
removerão todos os ídolos e práticas detestáveis.
¹⁹ Eu lhes darei um outro coração
e porei no seu íntimo um espírito novo.
Removerei do seu corpo o coração de pedra
e lhes darei um coração de carne,
²⁰ a fim de que andem segundo minhas leis,
observem e pratiquem meus preceitos.
Assim serão o meu povo e eu serei o seu Deus.
²¹ Para aqueles, porém,
cujo coração segue os ídolos detestáveis
e as abominações, darei a paga que merecem
– oráculo do Senhor Deus".
Palavra do Senhor.

124.   **Ez 18,20-32**

> *Se o ímpio fizer penitência, viverá
> com certeza e não morrerá.*

Leitura da Profecia de Ezequiel

A palavra do Senhor dirigiu-se a mim, dizendo:
²⁰ "Quem peca, é que deve morrer.
O filho não pagará pela culpa do pai,
nem o pai pagará pela culpa do filho.
A justiça será creditada ao justo
e a maldade será debitada ao ímpio.
²¹ Se o ímpio se arrepender de todos
os pecados cometidos,
e guardar todas as minhas leis,
e praticar o direito e a justiça,
viverá com certeza e não morrerá.
²² Nenhum dos pecados que cometeu
será lembrado contra ele.
Viverá por causa da justiça que praticou.
²³ Será que eu tenho prazer na morte do ímpio?
– oráculo do Senhor Deus.
Não desejo, antes, que mude de conduta e viva?
²⁴ Mas, se o justo se desviar de sua justiça e
praticar o mal, imitando todas as práticas
detestáveis feitas pelo ímpio,
poderá fazer isso e viver?

Da justiça que ele praticou,
nada mais será lembrado.
Por causa da infidelidade e do pecado
que cometeu, por causa disso morrerá.
²⁵ Mas vós andais dizendo:
'A conduta do Senhor não é correta'.
Ouvi, vós da casa de Israel:
É a minha conduta que não é correta,
ou antes é a vossa conduta que não é correta?
²⁶ Quando um justo se desvia da justiça,
pratica o mal e morre,
é por causa do mal praticado que ele morre.
²⁷ Quando um ímpio se arrepende
da maldade que praticou
e observa o direito e a justiça,
conserva a própria vida.
²⁸ Arrependendo-se de todos os seus pecados,
com certeza viverá; não morrerá.
²⁹ Não obstante, a casa de Israel diz:
'A conduta do Senhor não é correta!'
É a minha conduta que não é correta,
casa de Israel,
ou antes é a vossa conduta
que não é correta?
³⁰ Pois bem, vou julgar cada um de vós,
ó casa de Israel, segundo a sua conduta
– oráculo do Senhor Deus.

Arrependei-vos, convertei-vos
de todas as vossas transgressões,
a fim de não terdes ocasião de cair em pecado.
³¹ Afastai-vos de todos os pecados que praticais.
Criai para vós um coração novo
e um espírito novo.
Por que haveis de morrer, ó casa de Israel?
³² Pois eu não sinto prazer na morte de ninguém
– oráculo do Senhor Deus.
Convertei-vos e vivereis!"
Palavra do Senhor,

125. **Ez 36,23-28**

Derramarei sobre vós uma água pura, e sereis purificados; e porei o meu espírito dentro de vós e farei com que sigais a minha lei.

Leitura da Profecia de Ezequiel

Assim fala o Senhor Deus:
²³ Vou mostrar a santidade do meu grande nome,
que profanastes no meio das nações.
As nações saberão que eu sou o Senhor,
– oráculo do Senhor Deus –
quando eu manifestar minha santidade
à vista delas por meio de vós.

²⁴ Eu vos tirarei do meio das nações,
vos reunirei de todos os países,
e vos conduzirei para a vossa terra.
²⁵ Derramarei sobre vós uma água pura,
e sereis purificados.
Eu vos purificarei de todas as impurezas
e de todos os ídolos.
²⁶ Eu vos darei um coração novo
e porei um espírito novo dentro de vós.
Arrancarei do vosso corpo o coração de pedra
e vos darei um coração de carne;
²⁷ porei o meu espírito dentro de vós
e farei com que sigais a minha lei
e cuideis de observar os meus mandamentos.
²⁸ Habitareis no país que dei a vossos pais.
Sereis o meu povo e eu serei o vosso Deus.
Palavra do Senhor.

126. **Os 2,18-26**

Naquele dia, farei um pacto com eles.

Leitura da Profecia de Oséias

¹⁸ Acontecerá nesse dia,
diz o Senhor,
que ela me chamará 'Meu marido',
e não mais chamará 'Meu Baal'.
¹⁹ Tirarei de sua boca o nome dos Baals,
de tal modo que não se lembrará mais deles.
²⁰ Naquele dia, farei um pacto com os homens,
com os animais do campo,
as aves do céu e os répteis da terra;
quebrarei e lançarei fora
o arco, a espada e as outras armas,
e todos poderão repousar tranqüilos.
²¹ Eu te desposarei para sempre;
eu te desposarei conforme as sanções da justiça
e conforme as práticas da misericórdia.
²² Eu te desposarei para manter fidelidade
e tu conhecerás o Senhor.
²³ Acontecerá, nesse dia, que eu atenderei,
diz o Senhor,
atenderei aos céus,
e os céus atenderão à terra;

²⁴ e a terra atenderá,
 dando trigo, vinho e azeite,
 conforme as preces de Jezrael.
²⁵ E eu semearei a terra para mim,
 e terei piedade da filha que foi 'Não-Piedade';
²⁶ direi ao 'Não-Povo-meu': Tu és 'Povo-meu',
 e ele dirá: 'Tu és Meu-Deus' ".
 Palavra do Senhor.

127.   Os 11,1-11

*Tomei-os em meus braços, mas eles
não reconheceram que eu cuidava deles.*

Leitura da Profecia de Oséias

 Assim fala o Senhor:
¹ "Quando Israel era criança, eu já o amava,
 e desde o Egito chamei meu filho.
² Quanto mais eu os chamava
 tanto mais eles se afastavam de mim;
 imolavam aos Baals
 e sacrificavam aos ídolos.
³ Ensinei Efraim a dar os primeiros passos,
 tomei-o em meus braços,
 mas eles não reconheceram que eu cuidava deles.

⁴ Eu os atraía com laços de humanidade,
  com laços de amor;
  era para eles como quem leva uma criança ao colo,
  e rebaixava-me a dar-lhes de comer.
⁵ Voltarão à terra do Egito
  e Assur será seu rei,
  porque não quiseram converter-se.
⁶ A espada irromperá contra suas cidades
  e destruirá seus habitantes,
  e os eliminará junto com suas más intenções.
⁷ O meu povo inclina-se a pecar contra mim;
  é chamado para o alto, mas não faz por elevar-se.
⁸ Como abandonar-te, Efraim?
  Como entregar-te à tua sorte, Israel?
  Vou abandonar-te, como fiz com Adamá,
  e tratar-te como Seboim?
  Meu coração comove-se no íntimo
  e arde de compaixão.
⁹ Não darei largas à minha ira,
  não voltarei a destruir Efraim,
  eu sou Deus,
  e não homem;
  o santo no meio de vós,
  e não me servirei do terror.
¹⁰ Caminharão nas pegadas do Senhor;
  ele rugirá como um leão, e, quando rugir,
  seus filhos acorrerão, pressurosos, do ocidente.

¹¹ Voarão desde o Egito como aves
e desde a terra assíria como pombas;
e os colocarei em suas casas,
diz o Senhor".
Palavra do Senhor.

128. Os 14,2-10

Volta, Israel, para o Senhor, teu Deus.

Leitura da Profecia de Oséias

² Volta, Israel, para o Senhor, teu Deus,
porque estavas caído em teu pecado.
³ Vós todos, encontrai palavras
e voltai para o Senhor;
dizei-lhe:
'Livra-nos de todo o mal
e aceita este bem
que oferecemos; o fruto de nossos lábios.
⁴ A Assíria não nos salvará;
não queremos montar nossos cavalos,
não chamaremos mais 'Deuses nossos'
a produtos de nossas mãos;
em ti encontrará o órfão misericórdia'.

⁵ Hei de curar sua perversidade
e me será fácil amá-los,
deles afastou-se a minha cólera.
⁶ Serei como orvalho para Israel;
ele florescerá como o lírio
e lançará raízes como plantas do Líbano.
⁷ Seus ramos hão de estender-se;
será seu esplendor como o da oliveira,
e seu perfume como o do Líbano.
⁸ Voltarão a sentar-se à minha sombra
e a cultivar o trigo,
e florescerão como a videira,
cuja fama se iguala à do vinho do Líbano.
⁹ Que tem ainda Efraim a ver com ídolos?
Sou eu que o atendo e que olho por ele.
Sou como o cipreste sempre verde:
de mim procede o teu fruto.
¹⁰ Compreenda estas palavras o homem sábio,
reflita sobre elas o bom entendedor!
São retos os caminhos do Senhor
e, por eles, andarão os justos,
enquanto os maus ali tropeçam e caem".
Palavra do Senhor.

129. J1 2,12-19

Voltai para mim com todo o vosso coração.

Leitura da Profecia de Joel

¹² "Agora, portanto,
diz o Senhor,
voltai para mim com todo o vosso coração,
com jejuns, lágrimas e gemidos;
¹³ rasgai o coração, e não as vestes;
e voltai para o Senhor, vosso Deus;
ele é benigno e compassivo,
paciente e cheio de misericórdia,
inclinado a perdoar o castigo".
¹⁴ Quem sabe, se ele se volta para vós e vos perdoa,
e deixa atrás de si a bênção,
oblação e libação
para o Senhor, vosso Deus?
¹⁵ Tocai trombeta em Sião,
prescrevei o jejum sagrado,
convocai a assembléia;
¹⁶ congregai o povo,
realizai cerimônias de culto,
reuni anciãos,
ajuntai crianças e lactentes;

deixe o esposo seu aposento,
e a esposa, seu leito.
¹⁷ Chorem, postos entre o vestíbulo e o altar,
os ministros sagrados do Senhor, e digam:
"Perdoa, Senhor, a teu povo,
e não deixes que esta tua herança sofra infâmia
e que as nações a dominem."
Por que se haveria de dizer entre os povos:
"Onde está o Deus deles?"
¹⁸ Então o Senhor encheu-se de zelo por sua terra
e perdoou ao seu povo.
¹⁹ Falou o Senhor, dizendo ao seu povo:
"Eis que vou mandar-vos
trigo, vinho e óleo,
até ficardes fartos;
não tornarei a expor-vos
aos insultos das outras nações".
Palavra do Senhor.

130.   Mq 6,1-15

*Praticar a justiça, amar a misericórdia
e caminhar solícito com teu Deus.*

Leitura da profecia de Malaquias

¹ Ouvi o que diz o Senhor:
"Levanta-te, convoca um julgamento perante os montes
e faze que as colinas ouçam tua voz".
² Ouvi, montes, as razões do Senhor em juízo,
escutai-o, fundamentos da terra;
a pendência do Senhor é com seu povo,
ele disputa em juízo contra Israel.
³ "Povo meu, que é que te fiz?
Em que te fui penoso?
Responde-me.
⁴ Eu te retirei da terra do Egito
e te libertei da casa da servidão,
e pus à tua frente Moisés, Aarão e Maria.
⁵ Ó meu povo, eu te peço,
relembra as tramas de Balac, rei de Moab,
e o que lhe respondeu Balaão, filho de Beor,
no caminho de Setim até Guilgal,
a fim de conheceres as ações justas do Senhor".
⁶ "Que oferta farei ao Senhor, digna dele,
ao ajoelhar-me diante do Deus altíssimo?

Acaso oferecerei holocaustos
e novilhos de um ano?
⁷ Acaso agradam ao Senhor carneiros aos milhares,
e torrentes de óleo?
Porventura ofertaria eu o meu primogênito, por um crime meu,
o fruto do meu sangue pelos pecados da minha vida?"
⁸ Foi-te revelado, ó homem, o que é o bem,
e o que o Senhor exige de ti:
principalmente praticar a justiça
e amar a misericórdia,
e caminhar solícito com teu Deus.
⁹ A voz do Senhor clama contra a cidade
– é sabedoria temer o teu nome – :
"Ouvi, tribos e grupos da cidade!
¹⁰ Acaso suportarei uma roupa não-justa
e o maldito efá encurtado?
¹¹ Acaso justificarei a balança viciada
e os pesos falsos da sacola?
¹² Dessas iniqüidades cobriram-se os ricos;
seus habitantes falavam mentira,
e na sua boca a língua era fonte de fraude.
¹³ Eu, portanto, pus-me a castigar-te,
por causa de teus pecados.
¹⁴ Comerás, sem poder saciar-te,
a miséria campeará em tua casa.

Esconderás os teus bens, mas não os salvarás;
e os homens que salvares,
entregá-los-ei à espada.
¹⁵ Semearás, e não colherás;
espremerás azeitonas,
e não te ungirás com óleo;
pisarás o mosto, e não beberás do vinho".
Palavra do Senhor.

131.　　　　　　　　　　　　**Mq 7,2-7.18-20**

*Voltará a compadecer-se de nós,
e lançará ao fundo do mar todos os nossos pecados.*

Leitura da Profecia de Miquéias

² Desapareceu da terra o homem piedoso,
não há entre os homens um justo;
todos tramam sobre o sangue,
irmão caça irmão, com armadilha.
³ Suas mãos estão prontas para o mal;
quem governa, exige alguma coisa,
o juiz pede uma gratificação,
o potentado mostra o seu desejo mais íntimo;
mas ai dos que os contrariam!
⁴ O melhor deles é como um espinho,
e o mais justo, como um espinheiro;

mas virá o dia do espectador, o dia do castigo;
e, então, será a confusão de todos eles!
⁵ Não acrediteis no amigo,
não confieis no companheiro;
fecha a porta da tua boca
até para a que dorme contigo;
⁶ pois o filho faz desfeita ao pai,
a filha insurge-se contra a mãe,
e a nora contra a sogra:
os inimigos do homem são os seus familiares.
⁷ Eu, porém, olharei para o Senhor,
à espera de Deus, meu Salvador;
meu Deus me ouvirá.
¹⁸ Qual Deus existe, como tu,
que apagas a iniqüidade e esqueces o pecado
daqueles que são resto de tua propriedade?
Ele não guarda rancor para sempre,
o que ama é a misericórdia.
¹⁹ Voltará a compadecer-se de nós,
esquecerá nossas iniqüidades
e lançará ao fundo do mar
todos os nossos pecados.
²⁰ Tu manterás fidelidade a Jacó
e terás compaixão de Abraão,
como juraste a nossos pais,
desde tempos remotos.
Palavra do Senhor.

132.   Zc 1,1-6

Voltai-vos para mim e eu me voltarei para vós.

Leitura da Profecia de Zacarias

¹ No oitavo mês do segundo ano
de reinado de Dario,
a palavra do Senhor foi dirigida
ao profeta Zacarias,
filho de Baraquias, filho de Ado, dizendo:
² "O Senhor irou-se contra vossos pais.
³ Hás de dizer-lhes:
Assim fala o Senhor dos exércitos:
Voltai-vos para mim,
diz o Senhor dos exércitos,
e eu me voltarei para vós,
diz o Senhor dos exércitos.
⁴ Não sejais como os vossos pais,
aos quais os antigos profetas gritavam:
Assim fala o Senhor dos exércitos:
Abandonai vossos maus caminhos
e vossos maus pensamentos;
mas não me ouviram nem atenderam,
diz o Senhor.
⁵ Onde estão os vossos pais?
E os profetas acaso viverão para sempre?

⁶ Mas minhas palavras e preceitos,
que comuniquei aos meus servos, os profetas,
não chegaram até vossos pais?
Pois eles se converteram e disseram:
'Do modo como o Senhor dos exércitos
houve por bem tratar-nos,
de acordo com nossos caminhos e conforme
nossas obras,
assim de fato nos tratou' ".
Palavra do Senhor.

SALMOS RESPONSORIAIS

133.   Sl 12(13) (R. 6a)

R. Meu Deus, eu confiei no vosso amor!

– ² Até **quan**do, ó S**en**hor, me esquece**reis**? *
   Até quando escondereis a vossa face?   R.

= ³ Até **quan**do estará triste a minha alma? †
   e o cora**ção** angustiado cada dia? *
   Até **quan**do o inimigo se erguerá?   R.

= ⁴ **Ol**hai, Senhor, meu Deus, e respondei-me! †
   Não de**ix**eis que se me apague a luz dos olhos *
   e se **fe**chem, pela morte, adormecidos!   R.

= ⁵ Que o ini**mi**go não me diga: "Eu triunfei!" †
   Nem **exul**te o opressor por minha queda, *
– ⁶ uma **vez** que confiei no vosso amor!   R.

– Meu cora**ção**, por vosso auxílio, rejubile, *
   e que eu vos **can**te pelo bem que me fizestes!   R.

134.   Sl 24(25) (R. 16a)

R. Vol**tai**-vos para **mim**, tende pie**da**de.

= ¹ Senhor meu **Deus**, a vós elevo a minha **al**ma, †
— ² em vós con**fi**o: que eu não seja envergonhado *
 nem tri**un**fem sobre mim os inimigos!
— ³ Não se ener**go**nha quem em vós põe a esperança,*
 mas **sim**, quem nega por um nada a sua fé.   R.

— ⁴ Mos**trai**-me, ó Senhor, vossos caminhos, *
 e fa**zei**-me conhecer a vossa estrada!
= ⁵ Vossa ver**da**de me oriente e me conduza, †
 porque **sois** o Deus da minha salvação; *
 em vós es**pe**ro, ó Senhor, todos os dias!   R.

— ⁶ Recor**dai**, Senhor meu Deus, vossa ternura *
 e a **vos**sa compaixão que são eternas!
— ⁷ Não recor**deis** os meus pecados quando jovem,*
 nem vos lem**breis** de minhas faltas e delitos!
— De mim lem**brai**-vos, porque sois misericórdia*
 e sois bon**da**de sem limites, ó Senhor!   R.

— ⁸ O Se**nhor** é piedade e retidão, *
 e recon**duz** ao bom caminho os pecadores.
— ⁹ Ele di**ri**ge os humildes na justiça, *
 e aos **po**bres ele ensina o seu caminho.   R.

—¹⁰ Verdade e **am**or são os caminhos do Senhor *
   para quem **guar**da sua Aliança e seus preceitos.
—¹¹ Ó Se**nhor**, por vosso nome e vossa honra, *
   perdo**ai** os meus pecados que são tantos!   R.

—¹² Qual é o **ho**mem que respeita o Senhor? *
   Deus lhe en**si**na os caminhos a seguir.
—¹³ Será fe**liz** e viverá na abundância, *
   e os seus **fi**lhos herdarão a nova terra.
—¹⁴ O Se**nhor** se torna íntimo aos que o temem *
   e lhes **dá** a conhecer sua Aliança.   R.

—¹⁵ Tenho os **o**lhos sempre fitos no Senhor, *
   pois ele **ti**ra os meus pés das armadilhas.
—¹⁶ Vol**tai**-vos para mim, tende piedade, *
   porque sou **po**bre, estou sozinho e infeliz!   R.

—¹⁷ Alivi**ai** meu coração de tanta angústia, *
   e liber**tai**-me das minhas aflições!
—¹⁸ Conside**rai** minha miséria e sofrimento *
   e conce**dei** vosso perdão aos meus pecados!   R.

—¹⁹ **Olhai** meus inimigos que são muitos, *
   e com que **ó**dio violento eles me odeiam!
—²⁰ Defen**dei** a minha vida e libertai-me; *
   em vós con**fi**o, que eu não seja envergonhado!   R.

—²¹ Que a reti**dão** e a inocência me protejam, *
pois em **vós** eu coloquei minha esperança!
—²² Liber**tai**, ó Senhor Deus, a Israel *
de **to**da sua angústia e aflição! R.

135. **Sl 30(31), 2-7 (R. 6b)**

R. Sim, **vós** me salva**reis**, ó Deus fi**el**!

— ² Se**nhor**, eu ponho em **vós** minha espe**rança**; *
que eu não **fi**que envergonhado eternamente!
= Porque sois **jus**to, defendei-me e libertai-me, †
³ incli**nai** o vosso ouvido para mim; *
apres**sai**-vos, ó Senhor, em socorrer-me! R.

— Sede uma **ro**cha protetora para mim, *
um a**bri**go bem seguro que me salve!
— ⁴ Sim, sois **vós** a minha rocha e fortaleza; *
por vossa **hon**ra orientai-me e conduzi-me!
— ⁵ Retir**ai**-me desta rede traiçoeira, *
porque **sois** o meu refúgio protetor! R.

— ⁶ Em vossas **mãos**, Senhor, entrego o meu espírito,*
porque **vós** me salvareis, ó Deus fiel!
— ⁷ Detes**tais** os que adoram deuses falsos; *
quanto a **mim**, é ao Senhor que me confio. R.

136. Sl 31(32) (R. 5c)

R. Eu irei confessar meu pecado!

– ¹ Feliz o homem que foi perdoado *
  e cuja falta já foi encoberta!
= ² Feliz o homem a quem o Senhor †
  não olha mais como sendo culpado, *
  e em cuja alma não há falsidade! — R.

= ³ Enquanto eu silenciei meu pecado, †
  dentro de mim definhavam meus ossos *
  e eu gemia por dias inteiros, — R.

– ⁴ porque sentia pesar sobre mim *
  a vossa mão, ó Senhor, noite e dia;
– e minhas forças estavam fugindo, *
  tal como a seiva da planta no estio. — R.

– ⁵ Eu confessei, afinal, meu pecado, *
  e minha falta vos fiz conhecer.
– Disse: "Eu irei confessar meu pecado!" *
  E perdoastes, Senhor, minha falta. — R.

– ⁶ Todo fiel pode, assim, invocar-vos, *
  durante o tempo da angústia e aflição,
– porque, ainda que irrompam as águas, *
  não poderão atingi-lo jamais. — R.

— ⁷ Sois para mim proteção e refúgio; *
  na minha angústia me haveis de salvar,
— e envolvereis a minha alma no gozo *
  da salvação que me vem só de vós. R.

= ⁸ "Vou instruir-te e te dar um conselho; †
  vou te dar um conselho a seguir, *
  e sobre ti pousarei os meus olhos: R.

= ⁹ Não queiras ser semelhante ao cavalo, †
  ou ao jumento, animais sem razão; *
  eles precisam de freio e cabresto
— para domar e amansar seus impulsos, *
  pois de outro modo não chegam a ti". R.

=¹⁰ Muito sofrer é a parte dos ímpios; †
  mas quem confia em Deus, o Senhor, *
  é envolvido por graça e perdão. R.

=¹¹ Regozijai-vos, ó justos, em Deus, †
  e no Senhor exultai de alegria! *
  Corações retos, cantai jubilosos! R.

243

137. **Sl 35(36) (R. 8a)**

R. Quão preciosa é, Senhor, vossa graça!

— ² O pecado sussurra ao ímpio *
  lá no fundo do seu coração;
— o temor do Senhor, nosso Deus, *
  não existe perante seus olhos.
— ³ Lisonjeia a si mesmo pensando: *
  "Ninguém vê nem condena o meu crime!" R.

— ⁴ Traz na boca maldade e engano; *
  já não quer refletir e agir bem.
= ⁵ Arquiteta a maldade em seu leito, †
  nos caminhos errados insiste *
  e não quer afastar-se do mal. R.

— ⁶ Vosso amor chega aos céus, ó Senhor, *
  chega às nuvens a vossa verdade.
— ⁷ Como as altas montanhas eternas *
  é a vossa justiça, Senhor;
— e os vossos juízos superam *
  os abismos profundos dos mares. R.

– Os ani**mais** e os homens sal**vais**: *
⁸ quão preci**o**sa é, Senhor, vossa graça!
– Eis que os **fi**lhos dos homens se abrigam *
sob a **som**bra das asas de Deus.
– ⁹ Na abun**dân**cia de vossa morada, *
eles **vêm** saciar-se de bens.　　　　　R.

– Vós lhes **dais** de beber água viva, *
na tor**ren**te das vossas delícias.
–¹⁰ Pois em **vós** está a fonte da vida, *
e em vossa **luz** contemplamos a luz.
–¹¹ Conser**vai** aos fiéis vossa graça, *
e aos **re**tos, a vossa justiça!　　　　R.

–¹² Não me **pi**sem os pés dos soberbos, *
nem me ex**pul**sem as mãos dos malvados!
–¹³ Os per**ver**sos, tremendo, caíram *
e não **po**dem erguer-se do chão.　　　R.

138. **Sl 49(50),7-8.14-23 (R. 23b)**

R. A todo **ho**mem que pro**ce**de reta**men**te,
eu mostra**rei** a salva**ção** que vem de **Deus**.

– ¹ Fa**lou** o Senhor **Deus**, chamou a **ter**ra, *
do sol nas**cen**te ao sol poente a convocou.
– ² De Si**ão**, beleza plena, Deus refulge, *
³ vem a **nós** o nosso Deus e não se cala. R.

– À sua **fren**te vem um fogo abrasador, *
ao seu re**dor**, a tempestade violenta.
– ⁴ Ele con**vo**ca céu e terra ao julgamento, *
para fa**zer** o julgamento do seu povo: R.

– ⁵ "Reu**ni** à minha frente os meus eleitos, *
que se**la**ram a Aliança em sacrifícios!"
– ⁶ Teste**mu**nha o próprio céu seu julgamento, *
porque **Deus** mesmo é juiz e vai julgar. R.

= ⁷ "Es**cu**ta, ó meu povo, eu vou falar; †
ouve, Isra**el**, eu testemunho contra ti: *
Eu, o Se**nhor**, somente eu, sou o teu Deus! R.

– ⁸ Eu não **ven**ho censurar teus sacrifícios, *
  pois sempre es**tão** perante mim teus holocaustos;
– ⁹ não pre**ci**so dos novilhos de tua casa *
  nem dos car**nei**ros que estão nos teus rebanhos. R.

– ¹⁰ Porque as **fe**ras da floresta me pertencem *
  e os ani**mais** que estão nos montes aos milhares.
– ¹¹ Conheço os **pás**saros que voam pelos céus *
  e os seres **vi**vos que se movem pelos campos. R.

– ¹² Não te di**ri**a, se com fome eu estivesse, *
  porque é **meu** o universo e todo ser.
– ¹³ Porven**tu**ra comerei carne de touros? *
  Bebe**rei**, acaso, o sangue de carneiros? R.

– ¹⁴ Imola a **Deus** um sacrifício de louvor *
  e cumpre os **vo**tos que fizeste ao Altíssimo.
– ¹⁵ In**vo**ca-me no dia da angústia, *
  e en**tão** te livrarei e hás de louvar-me". R.

= ¹⁶ Mas ao **ím**pio é assim que Deus pergunta: †
  "Como **ou**sas repetir os meus preceitos *
  e tra**zer** minha Aliança em tua boca? R.

– ¹⁷ Tu que odi**as**te minhas leis e meus conselhos *
  e deste as **cos**tas às palavras dos meus lábios!
– ¹⁸ Quando **vi**as um ladrão, tu o seguias *
  e te jun**ta**vas ao convívio dos adúlteros. R.

247

— ¹⁹ Tua **bo**ca se abriu para a maldade *
 e tua **lín**gua maquinava a falsidade.
— ²⁰ Assen**ta**do, difamavas teu irmão, *
 e ao **fi**lho de tua mãe injuriavas. R.

— ²¹ Diante **dis**so que fizeste, eu calarei? *
 Acaso **pen**sas que eu sou igual a ti?
— É **dis**so que te acuso e repreendo *
 e mani**fes**to essas coisas aos teus olhos. R.

= ²² Entendei **is**to, todos vós que esqueceis Deus, †
 para que **eu** não arrebate a vossa vida, *
 sem que **ha**ja mais ninguém para salvar-vos! R.

— ²³ Quem me ofe**re**ce um sacrifício de louvor, *
 este **sim** é que me honra de verdade.
 A todo **ho**mem que procede retamente, *
 eu mostra**rei** a salvação que vem de Deus". R.

248

139. **S1 50(51) (R. 14a)**

R. Dai-me de **no**vo a ale**gri**a de ser **sal**vo!

— ³ Tende pie**da**de, ó meu **Deus**, misericórdia! *
   Na imensi**dão** de vosso amor, purificai-me!
— ⁴ La**vai**-me todo inteiro do pecado, *
   e apa**gai** completamente a minha culpa!   R.

— ⁵ Eu reco**nhe**ço toda a minha iniqüidade, *
   o meu pe**ca**do está sempre à minha frente.
— ⁶ Foi contra **vós**, só contra vós, que eu pequei, *
   e prati**quei** o que é mau aos vossos olhos!   R.

— Mostrais as**sim** quanto sois justo na sentença, *
   e quanto é **re**to o julgamento que fazeis.
— ⁷ Vede, Se**nhor**, que eu nasci na iniqüidade *
   e peca**dor** já minha mãe me concebeu.   R.

— ⁸ Mas vós **amais** os corações que são sinceros, *
   na intimi**da**de me ensinais sabedoria.
— ⁹ Asper**gi**-me e serei puro do pecado, *
   e mais **bran**co do que a neve ficarei.   R.

– ¹⁰ Fazei-me ouvir cantos de festa e de alegria, *
   e exultarão estes meus ossos que esmagastes.
– ¹¹ Desviai o vosso olhar dos meus pecados *
   e apagai todas as minhas transgressões!   R.

– ¹² Criai em mim um coração que seja puro, *
   dai-me de novo um espírito decidido.
– ¹³ Ó Senhor, não me afasteis de vossa face, *
   nem retireis de mim o vosso Santo Espírito!   R.

– ¹⁴ Dai-me de novo a alegria de ser salvo *
   e confirmai-me com espírito generoso!
– ¹⁵ Ensinarei vosso caminho aos pecadores, *
   e para vós se voltarão os transviados.   R.

– ¹⁶ Da morte como pena, libertai-me, *
   e minha língua exaltará vossa justiça!
– ¹⁷ Abri meus lábios, ó Senhor, para cantar, *
   e minha boca anunciará vosso louvor!   R.

– ¹⁸ Pois não são de vosso agrado os sacrifícios, *
   e, se oferto um holocausto, o rejeitais.
– ¹⁹ Meu sacrifício é minha alma penitente, *
   não desprezeis um coração arrependido!   R.

– ²⁰ Sede benigno com Sião, por vossa graça, *
   reconstruí Jerusalém e os seus muros!
– ²¹ E aceitareis o verdadeiro sacrifício, *
   os holocaustos e oblações em vosso altar!   R.

140. **Sl 72(73) (R. 28a)**

R. Para **mim** só há um **bem**: é estar com **Deus**.

– ¹ Como **Deus** é tão bon**do**so para os **jus**tos, *
para a**que**les que têm puro o coração!
– ² Mas por **pou**co os meus pés não resvalaram, *
e **qua**se escorregaram os meus passos;
– ³ che**guei** a ter inveja dos malvados, *
ao **ver** o bem-estar dos pecadores. R.

– ⁴ Para **e**les não existe sofrimento, *
seus **cor**pos são robustos e sadios;
– ⁵ não **so**frem a dureza do trabalho *
nem co**nhe**cem a aflição dos outros homens. R.

– ⁶ Eles **fa**zem do orgulho o seu colar, *
da vio**lên**cia, uma veste que os envolve;
– ⁷ trans**pi**ra a maldade de seu corpo, *
trans**bor**dam falsidade suas mentes. R.

– ⁸ Zombam do **bem** e elogiam o que é mau, *
e**xal**tam com orgulho a opressão;
– ⁹ in**ves**te sua boca contra o céu, *
e sua **lín**gua envenena toda a terra. R.

—¹⁰ Por **isso** vai meu povo procurá-los *
e be**ber** com avidez nas suas fontes;
—¹¹ eles **di**zem: "Por acaso Deus entende, *
e o Al**tís**simo conhece alguma coisa?"
—¹² Olhai **bem**, pois são assim os pecadores, *
que tran**qüi**los amontoam suas riquezas. R.

—¹³ Será em **vão** que guardei puro o coração *
e la**vei** na inocência minhas mãos?
—¹⁴ Porque **sou** chicoteado todo o tempo *
e re**ce**bo meus castigos cada dia.
—¹⁵ Se eu pen**sas**se: "Vou fazer igual a eles", *
trai**ri**a a geração dos vossos filhos. R.

—¹⁶ Pus-me en**tão** a refletir sobre este enigma, *
mas pare**ceu**-me uma tarefa bem difícil.
—¹⁷ Até que um **dia**, penetrando esse mistério, *
compreen**di** qual é a sorte que os espera,
—¹⁸ pois colo**cais** os pecadores num declive, *
e vós **mes**mo os empurrais para a desgraça. R.

—¹⁹ Num ins**tan**te eles caíram na ruína, *
aca**ba**ram e morreram de terror!
—²⁰ Como um **so**nho ao despertar, ó Senhor Deus, *
ao levan**tar**-vos, desprezais a sua imagem. R.

—²¹ Quando **então** se revoltava o meu espírito, *
e dentro em **mim** o coração se atormentava,
—²² eu, es**tul**to, não podia compreender; *
perante **vós** me comportei como animal.   R.

—²³ Mas a**go**ra eu estarei sempre convosco, *
porque **vós** me segurastes pela mão;
—²⁴ vosso con**sel**ho vai guiar-me e conduzir-me, *
para le**var**-me finalmente à vossa glória!   R.

—²⁵ Para **mim**, o que há no céu fora de vós? *
Se estou con**vos**co, nada mais me atrai na terra!
=²⁶ Mesmo que o **cor**po e o coração se vão gastando,†
Deus é o a**poi**o e o fundamento da minh'alma, *
é minha **par**te e minha herança para sempre!   R.

—²⁷ Eis que have**rão** de perecer os que vos deixam,*
extermi**nais** os que sem vós se prostituem.
—²⁸ Mas para **mim** só há um bem: é estar com Deus*
é colo**car** o meu refúgio no Senhor
— e anunci**ar** todas as vossas maravilhas*
junto às **por**tas da cidade de Sião.   R.

141.   **Sl 89(90) (R. 14)**

R. Saciai-nos de manhã com vosso amor,
e exultaremos de alegria todo o dia!

– ¹ Vós fostes um refúgio para nós, *
ó Senhor, de geração em geração.
=²Já bem antes que as montanhas fossem feitas †
ou a terra e o mundo se formassem, *
desde sempre e para sempre vós sois Deus.   R.

–³Vós fazeis voltar ao pó todo mortal, *
quando dizeis: "Voltai ao pó, filhos de Adão!"
–⁴Pois mil anos para vós são como ontem, *
qual vigília de uma noite que passou.   R.

–⁵Eles passam como o sono da manhã, *
⁶são iguais à erva verde pelos campos:
–De manhã ela floresce vicejante, *
mas à tarde é cortada e logo seca.   R.

–⁷Por vossa ira perecemos realmente, *
vosso furor nos apavora e faz tremer;
–⁸pusestes nossa culpa à nossa frente, *
nossos segredos ao clarão de vossa face.   R.

– ⁹ Em vossa **ira** se consomem nossos dias, *
  como um **so**pro se acabam nossos anos.
– ¹⁰ Pode du**rar** setenta anos nossa vida, *
  os mais **for**tes talvez cheguem a oitenta;
– a maior **par**te é ilusão e sofrimento: *
  passam de**pres**sa e também nós
  assim passamos.   R.

– ¹¹ Quem ava**lia** o poder de vossa ira, *
  o res**pei**to e o temor que mereceis?
– ¹² Ensi**nai**-nos a contar os nossos dias, *
  e dai ao **nos**so coração sabedoria!   R.

– ¹³ Senhor, vol**tai**-vos! Até quando tardareis? *
  Tende pie**da**de e compaixão de vossos servos!
– ¹⁴ Saci**ai**-nos de manhã com vosso amor, *
  e exulta**re**mos de alegria todo o dia!   R.

– ¹⁵ Ale**grai**-nos pelos dias que sofremos, *
  pelos **a**nos que passamos na desgraça!
– ¹⁶ Manifes**tai** a vossa obra a vossos servos, *
  e a seus **fi**lhos revelai a vossa glória!   R.

– ¹⁷ Que a bon**da**de do Senhor e nosso Deus *
  re**pou**se sobre nós e nos conduza!
– Tornai fe**cun**do, ó Senhor, nosso trabalho, *
  fazei dar **fru**tos o labor de nossas mãos!   R.

142.   Sl 94(95) (R. 8a)

R. Oxalá ouvísseis hoje a sua voz.

– ¹ Vinde, exultemos de alegria no Senhor, *
    aclamemos o Rochedo que nos salva!
– ² Ao seu encontro caminhemos com louvores, *
    e com cantos de alegria o celebremos!   R.

– ³ Na verdade, o Senhor é o grande Deus, *
    o grande Rei, muito maior que os deuses todos.
– ⁴ Tem nas mãos as profundezas dos abismos, *
    e as alturas das montanhas lhe pertencem;
– ⁵ o mar é dele, pois foi ele quem o fez, *
    e a terra firme suas mãos a modelaram.   R.

– ⁶ Vinde adoremos e prostremo-nos por terra, *
    e ajoelhemos ante o Deus que nos criou!
= ⁷ Porque ele é o nosso Deus, nosso Pastor, †
    e nós somos o seu povo e seu rebanho, *
    as ovelhas que conduz com sua mão.   R.

= ⁸ Oxalá ouvísseis hoje a sua voz: †
    "Não fecheis os corações como em Meriba, *
    ⁹ como em Massa, no deserto, aquele dia,
– em que outrora vossos pais me provocaram, *
    apesar de terem visto as minhas obras".   R.

= ¹⁰ Quarenta **anos** desgostou-me aquela raça †
   e eu **dis**se: "Eis um povo transviado, *
   ¹¹ seu cor**ação** não conheceu os meus caminhos!"
— E por **is**so lhes jurei na minha ira: *
   "Não entra**rão** no meu repouso prometido!"   R.

143.   Sl 118(119),1-2.10-13.15-16 (R. 1)

R. Feliz o **ho**mem sem pe**ca**do em seu ca**mi**nho.

— ¹ Feliz o **ho**mem sem pe**ca**do em seu ca**mi**nho, *
   que na **lei** do Senhor Deus vai progredindo!
— ² Feliz o **ho**mem que observa seus preceitos, *
   e de **to**do o coração procura a Deus!   R.

— ¹⁰ De **to**do o coração eu vos procuro, *
   não dei**xeis** que eu abandone a vossa lei!
— ¹¹ Conser**vei** no coração vossas palavras, *
   a **fim** de que eu não peque contra vós.   R.

— ¹² Ó Se**nhor**, vós sois bendito para sempre; *
   os **vos**sos mandamentos ensinai-me!
— ¹³ Com meus **lá**bios, ó Senhor, eu enumero *
   os de**cre**tos que ditou a vossa boca.   R.

¹⁵ Eu **que**ro meditar as vossas ordens, *
eu **que**ro contemplar vossos caminhos!
– ¹⁶ Minha ale**gri**a é fazer vossa vontade; *
eu não **pos**so esquecer vossa palavra. R.

144.   **Sl 122(123) (R. 2c)**

R. Os nossos **o**lhos estão **fi**tos no S**e**nhor!

– ¹ Eu le**van**to os meus **o**lhos para **vós**, *
que habi**tais** nos altos **céus**.
– ² Como os **o**lhos dos escravos estão fitos *
nas **mãos** do seu senhor, R.

– como os **o**lhos das escravas estão fitos *
nas **mãos** de sua senhora,
– as**sim** os nossos olhos, no Senhor, *
até de **nós** ter piedade. R.

– ³ Tende pie**da**de, ó Senhor, tende piedade; *
já é de**mais** esse desprezo!
– ⁴ Estamos **far**tos do escárnio dos ricaços *
e do des**pre**zo dos soberbos! R.

145.   Sl 129(130) (R. 7bc)

R. No Se**nhor** se en**con**tra toda **graça**
e copiosa reden**ção**.

– ¹ Das profun**de**zas eu **cla**mo a vós, Se**nhor**, *
  ² escu**tai** a minha voz!
– Vossos ou**vi**dos estejam bem atentos *
  ao cla**mor** da minha prece!   **R.**

– ³ Se le**var**des em conta nossas faltas, *
  quem hav**erá** de subsistir?
– ⁴ Mas em **vós** se encontra o perdão, *
  eu vos **te**mo e em vós espero.   **R.**

– ⁵ No Se**nhor** ponho a minha esperança, *
  es**pe**ro em sua palavra.
– ⁶ A minh'**al**ma espera no Senhor *
  mais que o vi**gi**a pela aurora.   **R.**

– ⁷ Es**pe**re Israel pelo Senhor *
  mais que o vi**gi**a pela aurora!
– Pois no Se**nhor** se encontra toda graça *
  e copi**o**sa redenção.   **R.**

– ⁸ Ele **vem** libertar a Israel *
  de **to**da a sua culpa.   **R.**

146. **Sl 138(139),1-18.23-24 (R. 23a)**

R. Senhor, sondai-me, conhecei meu coração.

- ¹ Se**nhor**, vós me son**dais** e conhe**ceis**, *
  ² sa**beis** quando me sento ou me levanto;
= de **long**e penetrais meus pensamentos, †
  perce**beis** quando me deito e quando eu ando, *
  os meus ca**min**hos vos são todos conhecidos. R.

- ⁴ A pa**la**vra nem chegou à minha língua, *
  e já, Se**nhor**, a conheceis inteiramente.
- ⁵ Por de**trás** e pela frente me envolveis; *
  pu**ses**tes sobre mim a vossa mão.
- ⁶ Esta Ver**da**de é por demais maravilhosa, *
  é tão su**bli**me que não posso compreendê-la. R.

- ⁷ Em que lu**gar** me ocultarei de vosso espírito? *
  E para **on**de fugirei de vossa face?
- ⁸ Se eu su**bir** até os céus, ali estais; *
  se eu des**cer** até o abismo, estais presente. R.

- ⁹ Se a au**ro**ra me emprestar as suas asas, *
  para eu vo**ar** e habitar no fim dos mares;
- ¹⁰ mesmo **lá** vai me guiar a vossa mão *
  e segu**rar**-me com firmeza a vossa destra. R.

— ¹¹ Se eu pensasse: "A escuridão venha esconder-me*
   e que a **luz** ao meu redor se faça noite!"
= ¹² Mesmo as **tre**vas para vós não são escuras, †
   a própria **noi**te resplandece como o dia, *
   e a escuri**dão** é tão brilhante como a luz.   R.

— ¹³ Fostes **vós** que me formastes as entranhas, *
   e no **sei**o de minha mãe vós me tecestes.
= ¹⁴ Eu vos **lou**vo e vos dou graças, ó Senhor, †
   porque de **mo**do admirável me formastes! *
   Que pro**dí**gio e maravilha as vossas obras!   R.

—   Até o mais **ín**timo, Senhor, me conheceis; *
— ¹⁵ nenhuma se**quer** de minhas fibras ignoráveis,
—   quando eu **e**ra modelado ocultamente, *
    era for**ma**do nas entranhas subterrâneas.   R.

— ¹⁶ Ainda in**for**me, os vossos olhos me olharam, *
   e por **vós** foram previstos os meus dias;
—   em vosso **li**vro estavam todos anotados, *
    antes **mes**mo que um só deles existisse.   R.

— ¹⁷ Quão inson**dá**veis são os vossos pensamentos!*
    Incon**tá**vel, ó Senhor, é o seu número!
— ¹⁸ Se eu os **con**to, serão mais que os grãos de areia;*
    se chego ao **fim**, ainda falta conhecer-vos.   R.

–²³ Senhor, son**dai**-me, conhecei meu coração, *
exami**nai**-me e provai meus pensamentos!
–²⁴ Vede **bem** se não estou no mau caminho, *
e condu**zi**-me no caminho para a vida! R.

147. S1 142(143), 1-11 (R. 10a)

R. Vossa vontade ensi**nai**-me a cum**prir**.

– ¹ Ó Se**nhor**, escu**tai** minha **prece**, *
ó meu **Deus**, atendei minha súplica!
– Respon**dei**-me, ó vós, Deus fiel, *
escu**tai**-me por vossa justiça! R.

= ² Não cha**meis** vosso servo a juízo, †
pois di**an**te da vossa presença *
não é **jus**to nenhum dos viventes. R.

– ³ O ini**mi**go persegue a minha alma, *
ele es**ma**ga no chão minha vida
– e me **faz** habitante das trevas, *
como **aque**les que há muito morreram.
– ⁴ Já em **mim** o alento se extingue, *
o cora**ção** se comprime em meu peito! R.

= ⁵ Eu me **lem**bro dos dias de outrora †
e re**pas**so as vossas ações, *
recor**dan**do os vossos prodígios.

= ⁶ Para **vós** minhas mãos eu estendo; †
  minha **al**ma tem sede de vós, *
  como a **ter**ra sedenta e sem água.   R.

– ⁷ Escu**tai**-me depressa, Senhor, *
  o es**pí**rito em mim desfalece!
= Não escon**dais** vossa face de mim! †
  Se o fi**zer**des, já posso contar-me *
  entre a**que**les que descem à cova!   R.

– ⁸ Fazei-me **ce**do sentir vosso amor, *
  porque em **vós** coloquei a esperança!
– Indi**cai**-me o caminho a seguir, *
  pois a **vós** eu elevo a minha alma!
– ⁹ Liber**tai**-me dos meus inimigos, *
  porque **sois** meu refúgio, Senhor!   R.

–¹⁰ Vossa von**ta**de ensinai-me a cumprir, *
  porque **sois** o meu Deus e Senhor!
– Vosso Es**pí**rito bom me dirija *
  e me **gui**e por terra bem plana!   R.

–¹¹ Por vosso **no**me e por vosso amor *
  conser**vai**, renovai minha vida!
– Pela **vos**sa justiça e clemência, *
  arran**cai** a minha alma da angústia!   R.

LEITURAS DO NOVO TESTAMENTO

148. **Rm 3,22-26**

A justificação se dá gratuitamente, em virtude da redenção realizada em Jesus Cristo.

Leitura da Carta de São Paulo aos Romanos

Irmãos:
22 A justiça de Deus realiza-se
mediante a fé em Jesus Cristo,
para todos os que têm a fé.
Pois diante desta justiça não há distinção:
23 todos pecaram e estão privados da glória de Deus,
24 e a justificação se dá gratuitamente,
por sua graça, em virtude da redenção
realizada em Jesus Cristo.
25 Deus destinou Jesus Cristo a ser,
por seu próprio sangue,
instrumento de expiação mediante
a realidade da fé.
Assim Deus mostrou sua justiça
em ter deixado sem castigo
os pecados cometidos outrora,
26 no tempo de sua tolerância.

Assim ainda ele demonstra sua justiça
no tempo presente, para ser ele mesmo justo,
e tornar justo aquele que vive
a partir da fé em Jesus.
Palavra do Senhor.

149. **Rm 5,6-11**

*Nós nos gloriamos em Deus, por nosso Senhor
Jesus Cristo. É por ele que, já desde
o tempo presente, recebemos a reconciliação.*

Leitura da Carta de São Paulo aos Romanos

Irmãos:
⁶ Quando éramos ainda fracos,
Cristo morreu pelos ímpios, no tempo marcado.
⁷ Dificilmente alguém morrerá por um justo;
por uma pessoa muito boa, talvez alguém se
anime a morrer.
⁸ Pois bem, a prova de que Deus nos ama
é que Cristo morreu por nós,
quando éramos ainda pecadores.
⁹ Muito mais agora,
que já estamos justificados pelo sangue
de Cristo, seremos salvos da ira por ele.

¹⁰ Quando éramos inimigos de Deus,
fomos reconciliados com ele
pela morte do seu Filho;
quanto mais agora, estando já reconciliados,
seremos salvos por sua vida!
¹¹ Ainda mais:
Nós nos gloriamos em Deus,
por nosso Senhor Jesus Cristo.
É por ele que, já desde o tempo presente,
recebemos a reconciliação.
Palavra do Senhor.

150.   Rm 6,2b-13

*Considerai-vos mortos para o pecado
e vivos para Deus, em Jesus Cristo.*

Leitura da Carta de São Paulo aos Romanos

Irmãos:
²ᵇ Nós que já morremos para o pecado,
como vamos continuar vivendo nele?
³ Será que ignorais que todos nós,
batizados em Jesus Cristo,
é na sua morte que fomos batizados?
⁴ Pelo batismo na sua morte, fomos sepultados
com ele, para que, como Cristo

ressuscitou dos mortos pela glória do Pai,
assim também nós levemos uma vida nova.

⁵ Pois, se fomos de certo modo identificados
a Jesus Cristo por uma morte semelhante à sua,
seremos semelhantes a ele também
pela ressurreição.

⁶ Sabemos que o nosso velho homem
foi crucificado com Cristo,
para que seja destruído o corpo de pecado,
de maneira a não mais servirmos ao pecado.

⁷ Com efeito, aquele que morreu
está livre do pecado.

⁸ Se, pois, morremos com Cristo,
cremos que também viveremos com ele.

⁹ Sabemos que Cristo ressuscitado dos mortos
não morre mais;
a morte já não tem poder sobre ele.

¹⁰ Pois aquele que morreu,
morreu para o pecado uma vez por todas;
mas aquele que vive,
é para Deus que vive.

¹¹ Assim, vós também considerai-vos mortos
para o pecado
e vivos para Deus, em Jesus Cristo.

¹² Que o pecado não reine mais
em vosso corpo mortal,
levando-vos a obedecer às suas paixões.

¹³ Não ofereçais mais vossos membros
ao pecado como armas de iniqüidade.
Pelo contrário, oferecei-vos a Deus
como pessoas vivas,
isto é, como pessoas que passaram
da morte à vida,
e ponde vossos membros ao serviço de Deus
como armas de justiça.
Palavra do Senhor.

151. Rm 6,16-23

*A paga do pecado é a morte, mas o dom de Deus
é a vida eterna em Jesus Cristo, nosso Senhor.*

Leitura da Carta de São Paulo aos Romanos

Irmãos:
¹⁶ Acaso não sabeis que,
oferecendo-vos a alguém como escravos,
sois realmente escravos daquele a quem
obedeceis,
seja escravos do pecado para a morte,
seja escravos da obediência para a justiça?
¹⁷ Graças a Deus que vós,
depois de terdes sido escravos do pecado,

passastes a obedecer, de coração,
aos ensinamentos,
aos quais fostes entregues.
¹⁸ Libertados do pecado,
vos tornastes escravos da justiça.
¹⁹ Uso uma linguagem humana,
por causa da vossa limitação.
Outrora, oferecestes vossos membros como escravos
para servirem à impureza
e à sempre crescente desordem moral.
Pois bem, agora, colocai vossos membros
ao serviço da justiça, em vista da vossa
santificação.
²⁰ Quando éreis escravos do pecado,
estáveis livres em relação à justiça.
²¹ Que fruto colhíeis, então,
de ações das quais hoje vos envergonhais?
Pois o fim daquelas ações era a morte.
²² Agora, porém, libertados do pecado,
e como escravos de Deus,
frutificais para a santidade até a vida eterna,
que é a meta final.
²³ Com efeito, a paga do pecado é a morte,
mas o dom de Deus é a vida eterna
em Jesus Cristo, nosso Senhor.
Palavra do Senhor.

152. Rm 7,14-25

Infeliz que eu sou! Quem me libertará deste corpo de morte? Graças sejam dadas a Deus, por Jesus Cristo, nosso Senhor.

Leitura da Carta de São Paulo aos Romanos

Irmãos:
[14] Sabemos de fato que a Lei é espiritual
mas eu sou carnal,
vendido como escravo ao pecado.
[15] Não entendo absolutamente o que eu faço:
pois não faço aquilo que quero
mas aquilo que mais detesto.
[16] E, se faço o que não quero,
reconheço que a Lei é boa.
[17] Mas então não sou eu que faço
e sim o pecado que mora em mim.
[18] Estou ciente que o bem não habita em mim,
isto é, na minha carne.
Pois eu tenho capacidade de querer o bem,
mas não de realizá-lo.
[19] Com efeito, não faço o bem que quero,
mas faço o mal que não quero.

²⁰ Ora, se faço aquilo que não quero,
então já não sou eu que estou agindo,
mas o pecado que habita em mim.
²¹ Portanto, descubro em mim esta lei:
Quando quero fazer o bem,
é o mal que se me apresenta.
²² Como homem interior
ponho toda a minha satisfação na lei de Deus;
²³ mas sinto em meus membros outra lei,
que luta contra a lei da minha razão
e me aprisiona na lei do pecado,
essa lei que está em meus membros.
²⁴ Infeliz que eu sou!
Quem me libertará deste corpo de morte?
²⁵ Graças sejam dadas a Deus, por Jesus Cristo,
nosso Senhor.
Em suma:
Pela minha mente eu sirvo à lei de Deus,
mas pela carne, sirvo à lei do pecado.
Palavra do Senhor.

153. Rm 12,1-2.9-19

Renovai vossa maneira de pensar e de julgar.

Leitura da Carta de São Paulo aos Romanos

¹ Pela misericórdia de Deus, eu vos exorto, irmãos,
a vos oferecerdes em sacrifício vivo,
santo e agradável a Deus:
Este é o vosso culto espiritual.
² Não vos conformeis com o mundo,
mas transformai-vos,
renovando vossa maneira de pensar e de julgar,
para que possais distinguir o que é
da vontade de Deus,
isto é, o que é bom, o que lhe agrada,
o que é perfeito.
⁹ O amor seja sincero.
Detestai o mal, apegai-vos ao bem.
¹⁰ Que o amor fraterno vos una uns aos outros
com terna afeição,
prevenindo-vos com atenções recíprocas.
¹¹ Sede zelosos e diligentes, fervorosos de espírito,
servindo sempre ao Senhor,
¹² alegres por causa da esperança,
fortes nas tribulações, perseverantes na oração.

¹³ Socorrei os santos em suas necessidades,
persisti na prática da hospitalidade.
¹⁴ Abençoai os que vos perseguem,
abençoai e não amaldiçoeis.
¹⁵ Alegrai-vos com os que se alegram,
chorai com os que choram.
¹⁶ Mantende um bom entendimento
uns com os outros;
não vos deixeis levar pelo gosto de grandeza,
mas acomodai-vos às coisas humildes.
Não presumais de vossa sabedoria.
¹⁷ Não pagueis a ninguém o mal com o mal.
Antecipai-vos na prática do bem perante todos.
¹⁸ Na medida do possível e
enquanto depender de vós,
vivei em paz com todo o mundo.
¹⁹ Caríssimos, não vos vingueis de ninguém.
Porém, confiai vossas questões à justiça divina.
Pois está escrito:
"É a mim que pertence fazer justiça;
darei a cada um o que merecer
– diz o Senhor –".
Palavra do Senhor.

154. **Rm 13,8-14**

*Despojemo-nos das ações das trevas
e vistamos as armas da luz.*

Leitura da Carta de São Paulo aos Romanos

Irmãos:
⁸ Não fiqueis devendo nada a ninguém,
a não ser o amor mútuo
– pois quem ama o próximo está cumprindo a Lei.
⁹ De fato, os mandamentos:
"Não cometerás adultério", "Não matarás",
"Não roubarás", "Não cobiçarás",
e qualquer outro mandamento se resumem neste:
"Amarás a teu próximo como a ti mesmo".
¹⁰ O amor não faz nenhum mal contra o próximo.
Portanto, o amor é o cumprimento
perfeito da Lei.
¹¹ Vós sabeis em que tempo estamos,
pois já é hora de despertar.
Com efeito, agora a salvação
está mais perto de nós
do que quando abraçamos a fé.
¹² A noite já vai adiantada,
o dia vem chegando:

despojemo-nos das ações das trevas
e vistamos as armas da luz.
¹³ Procedamos honestamente, como em pleno dia:
nada de glutonerias e bebedeiras,
nem de orgias sexuais e imoralidades,
nem de brigas e rivalidades.
¹⁴ Pelo contrário, revesti-vos do Senhor Jesus Cristo.
e não deis atenção à carne para satisfazer
as suas paixões.
Palavra do Senhor.

155. **2Cor 5,17-21**

Em Cristo, Deus reconciliou o mundo consigo.

Leitura da Segunda Carta de São Paulo aos Coríntios

Irmãos:
¹⁷ Se alguém está em Cristo,
é uma criatura nova.
O mundo velho desapareceu.
Tudo agora é novo.
¹⁸ E tudo vem de Deus,
que, por Cristo, nos reconciliou consigo
e nos confiou o ministério da reconciliação.

¹⁹ Com efeito,
em Cristo, Deus reconciliou o mundo consigo,
não imputando aos homens as suas faltas
e colocando em nós a palavra da reconciliação.
²⁰ Somos, pois, embaixadores de Cristo,
e é Deus mesmo que exorta através de nós.
Em nome de Cristo, nós vos suplicamos:
deixai-vos reconciliar com Deus.
²¹ Aquele que não cometeu nenhum pecado,
Deus o fez pecado por nós,
para que nele nós nos tornemos justiça de Deus.
Palavra do Senhor,

156. **Gl 5,16-24**

*Os que pertencem a Jesus Cristo crucificaram
a carne com suas paixões e seus maus desejos.*

Leitura da Carta de São Paulo aos Gálatas

Irmãos:
¹⁶ Procedei segundo o Espírito.
Assim, não satisfareis aos desejos da carne.
¹⁷ Pois a carne tem desejos contra o espírito,
e o espírito tem desejos contra a carne.

Há uma oposição entre carne e espírito,
de modo que nem sempre fazeis o que
gostaríeis de fazer.
¹⁸ Se, porém, sois conduzidos pelo Espírito,
então não estais sob o jugo da Lei.
¹⁹ São bem conhecidas as obras da carne:
fornicação, libertinagem, devassidão,
²⁰ idolatria, feitiçaria, inimizades,
contendas, ciúmes, iras,
intrigas, discórdias, facções,
²¹ invejas, bebedeiras, orgias,
e coisas semelhantes a estas.
Eu vos previno, como aliás já o fiz:
os que praticam essas coisas
não herdarão o reino de Deus.
²² Porém, o fruto do Espírito é:
caridade, alegria, paz,
longanimidade, benignidade,
bondade, lealdade,
²³ mansidão, continência.
Contra estas coisas não existe lei.
²⁴ Os que pertencem a Jesus Cristo crucificaram
a carne com suas paixões e seus maus desejos.
Palavra do Senhor.

157. Ef 2,1-10

Por causa do grande amor com que nos amou, quando estávamos mortos por causa das nossas faltas, ele nos deu a vida com Cristo.

Leitura da Carta de São Paulo aos Efésios

Irmãos:
¹ Vós estáveis mortos por causa de vossas faltas
e pecados,
² nos quais vivíeis outrora,
quando seguíeis o deus deste mundo,
o príncipe que reina entre o céu e a terra,
o espírito que age agora entre os rebeldes.
³ Nós éramos deste número, todos nós.
Outrora nos abandonávamos às paixões da carne;
satisfazíamos os seus desejos,
seguíamos os seus caprichos
e éramos por natureza, como os demais,
filhos da ira.
⁴ Mas Deus é rico em misericórdia.
Por causa do grande amor com que nos amou,
⁵ quando estávamos mortos por causa
das nossas faltas,
ele nos deu a vida com Cristo.
É por graça que vós sois salvos!

⁶ Deus nos ressuscitou com Cristo
e nos fez sentar nos céus
em virtude de nossa união com Jesus Cristo.
⁷ Assim, pela bondade, que nos demonstrou
em Jesus Cristo,
Deus quis mostrar, através dos séculos futuros,
a incomparável riqueza da sua graça.
⁸ Com efeito, é pela graça que sois salvos,
mediante a fé.
E isso não vem de vós; é dom de Deus!
⁹ Não vem das obras, para que ninguém se orgulhe.
¹⁰ Pois é ele quem nos fez;
nós fomos criados em Jesus Cristo
para as obras boas,
que Deus preparou de antemão
para que nós as praticássemos.
Palavra do Senhor.

158. Ef 4,1-3.17-32

*Renovai o vosso espírito e a vossa mentalidade;
revesti o homem novo.*

Leitura da Carta de São Paulo aos Efésios

Irmãos:
¹ Eu, prisioneiro no Senhor, vos exorto
a caminhardes de acordo com a vocação que
recebestes:
² Com toda a humildade e mansidão,
suportai-vos uns aos outros com paciência, no
amor.
³ Aplicai-vos a guardar a unidade do espírito
pelo vínculo da paz.
¹⁷ Eis pois o que eu digo e atesto no Senhor:
não continueis a viver como vivem os pagãos,
cuja inteligência os leva para o nada.
¹⁸ O seu pensamento é presa das trevas
e eles são estranhos à vida de Deus,
por causa da ignorância que é produzida
pelo endurecimento do seu coração.
¹⁹ Em sua inconsciência,
eles entregaram-se à devassidão,
a ponto de caírem em imoralidade desenfreada.

²⁰ Quanto a vós,
não é assim que aprendestes de Cristo,
²¹ se ao menos foi bem ele que ouvistes falar,
e se é ele que vos foi ensinado,
em conformidade com a verdade
que está em Jesus.
²² Renunciando à vossa existência passada,
despojai-vos do homem velho,
que se corrompe sob o efeito
das paixões enganadoras,
²³ e renovai o vosso espírito e a vossa mentalidade.
²⁴ Revesti o homem novo,
criado à imagem de Deus,
em verdadeira justiça e santidade.
²⁵ Eis pois que vos livrastes da mentira;
que cada um diga a verdade ao seu próximo,
pois nós somos membros uns dos outros.
²⁶ Irai-vos, mas não pequeis.
Que o sol não se ponha sobre
o vosso ressentimento.
²⁷ Não vos exponhais ao diabo.
²⁸ Aquele que roubava deixe de roubar,
antes esforce-se por trabalhar honestamente
com as suas mãos,
a fim de ter o que partilhar
com o que está necessitado.

²⁹ Nenhuma palavra perniciosa deve sair dos
vossos lábios,
mas sim alguma palavra boa,
capaz de edificar oportunamente
e de trazer graça aos que a ouvem.
³⁰ Não contristeis o Espírito Santo
com o qual Deus vos marcou como com um selo
para o dia da libertação.
³¹ Toda a amargura, irritação, cólera, gritaria,
injúrias,
tudo isso deve desaparecer do meio de vós,
como toda a espécie de maldade.
³² Sede bons uns para com os outros,
sede compassivos;
perdoai-vos mutuamente,
como Deus vos perdoou por meio de Cristo.
Palavra do Senhor.

159.   **Ef 5,1-14**

Outrora éreis trevas, mas agora sois luz no Senhor. Vivei como filhos da luz.

Leitura da Carta de São Paulo aos Efésios

Irmãos:
¹ Sede imitadores de Deus,
como filhos que ele ama.
² Vivei no amor, como Cristo nos amou
e se entregou a si mesmo a Deus por nós,
em oblação e sacrifício de suave odor.
³ A devassidão, ou qualquer espécie
de impureza ou cobiça
sequer sejam mencionadas entre vós,
como convém a santos.
⁴ Nada de palavras grosseiras,
insensatas ou obscenas,
que são inconvenientes;
dedicai-vos antes à ação de graças.
⁵ Pois, sabei-o bem, o devasso, o impuro,
o avarento – que é um idólatra –
são excluídos da herança no reino
de Cristo e de Deus.
⁶ Que ninguém vos engane com palavras vazias.

Tudo isso atrai a cólera de Deus sobre os que
lhe desobedecem.
⁷ Não sejais seus cúmplices.
⁸ Outrora éreis trevas, mas agora
sois luz no Senhor.
Vivei como filhos da luz.
E o fruto da luz chama-se:
bondade, justiça, verdade.
¹⁰ Discerni o que agrada ao Senhor.
¹¹ Não vos associeis às obras das trevas,
que não levam a nada;
antes, desmascarai-as.
¹² O que essa gente faz em segredo,
tem vergonha até de dizê-lo.
¹³ Mas tudo o que é condenável torna-se
manifesto pela luz;
e tudo o que é manifesto é luz.
¹⁴ É por isso que se diz:
"Desperta, tu que dormes,
levanta-te dentre os mortos
e sobre ti Cristo resplandecerá".
Palavra do Senhor.

160. **Ef 6,10-18**

Revesti, portanto, a armadura de Deus,
a fim de que no dia mau possais resistir.

Leitura da Carta de São Paulo aos Efésios

Irmãos:
[10] Confortai-vos no Senhor,
e no domínio de sua força,
[11] revesti-vos da armadura de Deus,
para estardes em condições de enfrentar as
manobras do diabo.
[12] Pois não é a homens que enfrentamos,
mas as autoridades, os poderes,
as dominações deste mundo de trevas,
os espíritos do mal que estão nos céus.
[13] Revesti, portanto, a armadura de Deus,
a fim de que no dia mau possais resistir
e permanecer firmes em tudo.
[14] De pé, portanto!
Cingi os vossos rins com a verdade,
revesti-vos com a couraça da justiça
[15] e calçai os vossos pés
com a prontidão em anunciar o Evangelho da paz.

¹⁶ Tomai o escudo da fé,
o qual vos permitirá apagar
todas as flechas ardentes do Maligno.
¹⁷ Tomai, enfim, o capacete da salvação e o gládio
do espírito,
isto é, a Palavra de Deus.
¹⁸ Com preces e súplicas de vária ordem,
orai em todas as circunstâncias, no Espírito,
e vigiai com toda a perseverança,
intercedendo por todos os santos.
Palavra do Senhor.

161. **Cl 3,1-10.12-17**

*Se ressuscitastes com Cristo, esforçai-vos
por alcançar as coisas do alto. Fazei morrer
o que em vós pertence à terra.*

Leitura da Carta de São Paulo aos Colossenses

Irmãos:
¹ Se ressuscitastes com Cristo,
esforçai-vos por alcançar as coisas do alto,
onde está Cristo, sentado à direita de Deus;
² aspirai às coisas celestes
e não às coisas terrestres.

³ Pois vós morrestes,
e a vossa vida está escondida,
com Cristo, em Deus.
⁴ Quando Cristo, vossa vida,
aparecer em seu triunfo,
então vós aparecereis também com ele,
revestidos de glória.
⁵ Portanto, fazei morrer o que em vós
pertence à terra:
imoralidade, impureza,
paixão, maus desejos
e a cobiça, que é idolatria.
⁶ Tais coisas provocam a ira de Deus
contra os que lhe resistem.
⁷ Antigamente vós estáveis enredados
por estas coisas
e vos deixastes dominar por elas.
⁸ Agora, porém, abandonai tudo isso:
ira, irritação,
maldade, blasfêmia,
palavras indecentes, que saem dos vossos lábios.
⁹ Não mintais uns aos outros.
Já vos despojastes do homem velho e da sua
maneira de agir
¹⁰ e vos revestistes do homem novo,
que se renova segundo a imagem do seu Criador,
em ordem ao conhecimento.

¹² Vós sois amados por Deus,
sois os seus santos eleitos.
Por isso, revesti-vos de sincera misericórdia,
bondade, humildade,
mansidão e paciência,
¹³ suportando-vos uns aos outros
e perdoando-vos mutuamente,
se um tiver queixa contra o outro.
Como o Senhor vos perdoou,
assim perdoai vós também.
¹⁴ Mas, sobretudo, amai-vos uns aos outros,
pois o amor é o vínculo da perfeição.
¹⁵ Que a paz de Cristo reine em vossos corações,
à qual fostes chamados como membros de um
só corpo.
E sede agradecidos.
¹⁶ Que a palavra de Cristo, com toda a sua riqueza,
habite em vós.
Ensinai e admoestai-vos uns aos outros com
toda a sabedoria.
Do fundo dos vossos corações, cantai a Deus
salmos, hinos e cânticos espirituais,
em ação de graças.
¹⁷ Tudo o que fizerdes, em palavras ou obras,
seja feito em nome do Senhor Jesus Cristo.
Por meio dele dai graças a Deus, o Pai.
Palavra do Senhor.

162. **Hb 12,1-5**

*Ainda não resististes até ao sangue
na vossa luta contra o pecado.*

Leitura da Carta aos Hebreus

Irmãos:
¹ Rodeados como estamos
por tamanha multidão de testemunhas,
deixemos de lado o que nos pesa
e o pecado que nos envolve.
Empenhemo-nos com perseverança
no combate que nos é proposto,
² com os olhos fixos em Jesus,
que em nós começa e completa a obra da fé.
Em vista da alegria que lhe foi proposta,
suportou a cruz, não se importando
com a infâmia,
e assentou-se à direita do trono de Deus.
³ Pensai pois naquele que enfrentou
uma tal oposição por parte dos pecadores,
para que não vos deixeis abater pelo desânimo.
⁴ Vós ainda não resististes até ao sangue
na vossa luta contra o pecado,
⁵ e já esquecestes as palavras de encorajamento
que vos foram dirigidas como a filhos:

"Meu filho, não desprezes
a educação do Senhor,
não desanimes quando ele te repreende".
Palavra do Senhor.

163. **Tg 1,22-27**

Sede praticantes da Palavra e não meros ouvintes.

Leitura da Carta de São Tiago

Irmãos:
²² Sede praticantes da Palavra
e não meros ouvintes,
enganando-vos a vós mesmos.
²³ Com efeito,
aquele que ouve a Palavra e não a põe em prática
é semelhante a uma pessoa
que observa o seu rosto no espelho:
²⁴ apenas se observou, vai-se embora
e logo esquece como era a sua aparência.
²⁵ Aquele, porém, que se debruça
sobre a Lei da liberdade,
agora levada à perfeição,
e nela persevera,
não como um ouvinte distraído,

mas praticando o que ela ordena,
esse será feliz naquilo que faz.
²⁶ Se alguém julga ser religioso
e não refreia a sua língua,
engana-se a si mesmo: a sua religião é vã.
²⁷ Com efeito, a religião pura e sem mancha
diante de Deus Pai, é esta:
assistir os órfãos e as viúvas em suas tribulações
e não se deixar contaminar pelo mundo.
Palavra do Senhor.

164. **Tg 2,14-26**

Que adianta alguém dizer que tem fé,
quando não a põe em prática?

Leitura da Carta de São Tiago

¹⁴ Meus irmãos,
que adianta alguém dizer que tem fé,
quando não a põe em prática?
A fé seria então capaz de salvá-lo?
¹⁵ Imaginai que um irmão ou uma irmã
não têm o que vestir
e que lhes falta a comida de cada dia;
¹⁶ se então alguém de vós lhes disser:

"Ide em paz, aquecei-vos",
e: "Comei à vontade", sem lhes dar o necessário
para o corpo, que adiantará isso?
17 Assim também a fé:
se não se traduz em obras, por si só está morta.
18 Em compensação, alguém poderá dizer:
"Tu tens a fé e eu tenho a prática!
Tu, mostra-me a tua fé sem as obras,
que eu te mostrarei a minha fé pelas obras!
19 Tu crês que há um só Deus? Fazes bem!
Mas também os demônios crêem isso,
e estremecem.
20 Queres então saber, homem insensato,
como a fé sem a prática é vã?
21 O nosso pai Abraão foi declarado justo:
não será por causa de sua prática,
até ao ponto de oferecer seu filho Isaac
sobre o altar?
22 Como estás vendo, a fé concorreu para as obras,
e, graças às obras, a fé tornou-se completa.
23 Foi assim que se cumpriu a Escritura que diz:
'Abraão teve fé em Deus,
e isto lhe foi levado em conta de justiça,
e ele foi chamado amigo de Deus'".
24 Estais vendo, pois, que o homem
é justificado pelas obras
e não simplesmente pela fé.

²⁵ De maneira semelhante, não foi pelas obras
considerada justa também a prostituta Raab,
por ter hospedado os espiões de Israel
e os ter enviado por outro caminho?
²⁶ Assim como o corpo sem o espírito é morto,
assim também a fé, sem as obras, é morta.
Palavra do Senhor.

165. Tg 3,1-12

*Aquele que não peca no uso da língua
é um homem perfeito.*

Leitura da Carta de São Tiago

¹ Meus irmãos:
não haja muitos que queiram ser mestres!
Sabeis que nós, os mestres,
estamos sujeitos a julgamento mais severo,
² pois todos nós tropeçamos em muitas coisas.
Aquele que não peca no uso da língua
é um homem perfeito,
capaz de refrear também o corpo todo.
³ Se pomos um freio na boca do cavalo
para que nos obedeça,
conseguimos dirigir o seu corpo todo.

⁴ Reparai também nos navios:
por maiores que sejam, e impelidos
por ventos impetuosos,
são, entretanto, conduzidos por um
pequeníssimo leme
na direção que o timoneiro deseja.
⁵ Assim também a língua,
embora seja um membro pequeno,
se gloria de grandes coisas.
Comparai o tamanho da chama
com o da floresta que ela incendia!
⁶ Ora, também a língua é um fogo!
É o universo da malícia!
Fazendo parte dos nossos membros,
a língua contamina o corpo todo
e, atiçada como está pelo inferno,
põe em chamas o ciclo da nossa existência!
⁷ Com efeito, toda espécie de feras,
de aves, de répteis e de animais marinhos
pode ser domada e tem sido domada
pela espécie humana.
⁸ Mas a língua, nenhum homem consegue domá-la:
ela é um mal que não desiste,
e está cheia de veneno mortífero.
⁹ Com ela bendizemos o Senhor e Pai,
e com ela amaldiçoamos os homens,
feitos à imagem de Deus.

¹⁰ Da mesma boca saem bênção e maldição!
Ora, meus irmãos, não convém que seja assim.
¹¹ A fonte faz jorrar, pelo mesmo orifício,
água doce e amarga?
¹² E a figueira, meus irmãos, é capaz
de produzir azeitonas,
ou a videira, figos?
Assim também a fonte salina não pode
produzir água doce.
Palavra do Senhor.

166.   **1Pd 1,13-23**

Fostes resgatados não por meio de coisas perecíveis, como a prata ou o ouro, mas pelo precioso sangue de Cristo, como de um cordeiro sem mancha.

Leitura da Primeira Carta de São Pedro

Caríssimos:
¹³ Aprontai a vossa mente;
sede sóbrios e colocai toda a vossa esperança
na graça que vos será oferecida
na revelação de Jesus Cristo.
¹⁴ Como filhos obedientes,
não modeleis a vossa vida

de acordo com as paixões de antigamente,
do tempo da vossa ignorância.
¹⁵ Antes, como é santo aquele que vos chamou,
tornai-vos santos, também vós,
em todo o vosso proceder.
¹⁶ Pois está na Escritura:
"Sede santos, porque eu sou santo".
¹⁷ Se invocais como Pai
aquele que sem discriminação julga a cada um
de acordo com as suas obras,
vivei então respeitando a Deus
durante o tempo de vossa migração neste mundo.
¹⁸ Sabeis que fostes resgatados
da vida fútil herdada de vossos pais,
não por meio de coisas perecíveis,
como a prata ou o ouro,
¹⁹ mas pelo precioso sangue de Cristo,
como de um cordeiro sem mancha nem defeito.
²⁰ Antes da criação do mundo,
ele foi destinado para isso,
e neste final dos tempos, ele apareceu,
por amor de vós.
²¹ Por ele é que alcançastes a fé em Deus.
Deus o ressuscitou dos mortos e lhe deu a glória,
e assim, a vossa fé e esperança estão em Deus.
²² Pela obediência à verdade, purificastes as
vossas almas,

para praticar um amor fraterno sem fingimento.
Amai-vos, pois, uns aos outros,
de coração e com ardor.
²³ Nascestes de novo, não de uma semente
corruptível, mas incorruptível,
mediante a palavra de Deus, viva e permanente.
Palavra do Senhor.

167. **2Pd 1,3-11**

*Cuidai cada vez mais de confirmar
a vossa vocação e eleição.*

Leitura da Segunda Carta de São Pedro

Caríssimos:
³ O seu divino poder nos deu tudo o que contribui
para a vida e para a piedade,
mediante o conhecimento daquele que,
pela sua própria glória e virtude, nos chamou.
⁴ Por meio de tudo isso nos foram dadas
as preciosas promessas, as maiores
que há, a fim de que vos tornásseis
participantes da natureza divina,
depois de libertos da corrupção,
da concupiscência no mundo.

⁵ Por isso mesmo, dedicai todo o esforço
em juntar à vossa fé a virtude,
à virtude o conhecimento,
⁶ ao conhecimento o autodomínio,
ao autodomínio a perseverança,
à perseverança a piedade,
⁷ à piedade o amor fraterno
e ao amor fraterno, a caridade.
⁸ Se estas virtudes existirem e crescerem em vós,
não vos deixarão vazios e estéreis
no conhecimento de nosso Senhor Jesus Cristo.
⁹ Mas quem delas carece
é um míope, um cego:
esqueceu-se da purificação de seus pecados de
outrora.
¹⁰ Por isso, irmãos, cuidai cada vez mais
de confirmar a vossa vocação e eleição.
Procedendo assim, jamais tropeçareis.
¹¹ Desta maneira vos será largamente proporcionado
o acesso ao reino eterno
de nosso Senhor e Salvador, Jesus Cristo.
Palavra do Senhor.

168. 1Jo 1,5-10; 2,1-2

Se reconhecermos nossos pecados, então Deus se mostra fiel e justo, para nos perdoar os pecados e nos purificar de toda culpa.

Leitura da Primeira Carta de São João

Caríssimos:
⁵ A mensagem, que ouvimos de Jesus Cristo e vos anunciamos, é esta:
Deus é luz e nele não há trevas.
⁶ Se dissermos que estamos em comunhão com ele,
mas andamos nas trevas,
estamos mentindo e não nos guiamos pela verdade.
⁷ Mas, se andamos na luz,
como ele está na luz,
então estamos em comunhão uns com os outros,
e o sangue de seu Filho Jesus
nos purifica de todo pecado.
⁸ Se dissermos que não temos pecado,
estamo-nos enganando a nós mesmos,
e a verdade não está dentro de nós.
⁹ Se reconhecermos nossos pecados,
então Deus se mostra fiel e justo,
para nos perdoar os pecados
e nos purificar de toda culpa.

¹⁰ Se dissermos que nunca pecamos,
fazemos dele um mentiroso
e sua palavra não está dentro de nós.
²,¹ Meus filhinhos,
escrevo isto para que não pequeis.
No entanto, se alguém pecar,
temos junto do Pai um Defensor:
Jesus Cristo, o Justo.
² Ele é a vítima de expiação pelos nossos pecados,
e não só pelos nossos,
mas também pelos pecados do mundo inteiro.
Palavra do Senhor.

169. **1 Jo 2,3-11**

Quem odeia o seu irmão está nas trevas,
caminha nas trevas.

Leitura da Primeira Carta de São João

Caríssimos:
³ Para saber que o conhecemos,
vejamos se guardamos os seus mandamentos.
⁴ Quem diz: "Eu conheço a Deus",
mas não guarda os seus mandamentos,
é mentiroso, e a verdade não está nele.

⁵ Naquele, porém, que guarda a sua palavra,
o amor de Deus é plenamente realizado.
O critério para saber se estamos com Jesus é este:
⁶ quem diz que permanece nele,
deve também proceder como ele procedeu.
⁷ Caríssimos,
não vos comunico um mandamento novo,
mas um mandamento antigo,
que recebestes desde o início;
este mandamento antigo é a palavra que ouvistes.
⁸ No entanto, o que vos escrevo
é um mandamento novo
– que é verdadeiro nele e em vós –,
pois que as trevas passaram
e já brilha a luz verdadeira.
⁹ Aquele que diz estar na luz,
mas odeia o seu irmão,
ainda está nas trevas.
¹⁰ O que ama o seu irmão permanece na luz
e não corre perigo de tropeçar.
¹¹ Mas o que odeia o seu irmão está nas trevas,
caminha nas trevas,
e não sabe aonde vai,
porque as trevas ofuscaram os seus olhos.
Palavra do Senhor.

170. 1Jo 3,1-24

*Nós sabemos que passamos da morte para a vida,
porque amamos os irmãos.*

Leitura da Primeira Carta de São João

Caríssimos:
¹ Vede que grande presente de amor o Pai nos deu:
de sermos chamados filhos de Deus!
E nós o somos!
Se o mundo não nos conhece,
é porque não conheceu o Pai.
² Caríssimos, desde já somos filhos de Deus,
mas nem sequer se manifestou o que seremos!
Sabemos que, quando Jesus se manifestar,
seremos semelhantes a ele,
porque o veremos tal como ele é.
³ Todo o que espera nele,
purifica-se a si mesmo,
como também ele é puro.
⁴ Todo o que comete pecado,
comete também a iniqüidade,
porque o pecado é a iniqüidade.
⁵ Vós sabeis que ele se manifestou
para tirar os pecados
e que nele não há pecado.

⁶ Todo aquele que peca
mostra que não o viu, nem o conheceu.
⁷ Filhinhos, que ninguém vos desencaminhe.
O que pratica a justiça é justo,
assim como ele é justo.
⁸ Aquele que comete o pecado é do diabo,
porque o diabo é pecador desde o princípio.
Para isto é que o Filho de Deus se manifestou:
para destruir as obras do diabo.
⁹ Todo aquele que nasceu de Deus
não comete pecado,
porque a semente de Deus fica nele;
ele não pode pecar, pois nasceu de Deus.
¹⁰ Nisto se revela quem é filho de Deus
e quem é filho do diabo:
todo o que não pratica a justiça não é de Deus,
nem aquele que não ama o seu irmão.
¹¹ Porque esta é a mensagem
que ouvistes desde o início:
que nos amemos uns aos outros,
¹² não como Caim, que, sendo do Maligno,
matou o seu irmão.
E por que o matou?
Porque as suas obras eram más,
ao passo que as do seu irmão eram justas.
¹³ Não vos admireis, irmãos,
se o mundo vos odeia.

¹⁴ Nós sabemos que passamos da morte para a vida,
porque amamos os irmãos.
Quem não ama, permanece na morte.
¹⁵ Todo aquele que odeia o seu irmão
é um homicida.E vós sabeis que nenhum homicida
conserva a vida eterna dentro de si.
¹⁶ Nisto conhecemos o amor:
Jesus deu a sua vida por nós.
Portanto, também nós devemos
dar a vida pelos irmãos.
¹⁷ Se alguém possui riquezas neste mundo
e vê o seu irmão passar necessidade,
mas diante dele fecha o seu coração,
como pode o amor de Deus permanecer nele?
¹⁸ Filhinhos, não amemos só com palavras
e de boca, mas com ações e de verdade!
¹⁹ Aí está o critério para saber
que somos da verdade
e para sossegar diante dele o nosso coração,
²⁰ pois, se o nosso coração nos acusa,
Deus é maior que o nosso coração
e conhece todas as coisas.
²¹ Caríssimos, se o nosso coração não nos acusa,
temos confiança diante de Deus.
²² E qualquer coisa que pedimos recebemos dele,
porque guardamos os seus mandamentos
e fazemos o que é do seu agrado.

²³ Este é o seu mandamento:
que creiamos no nome do seu Filho, Jesus Cristo,
e nos amemos uns aos outros,
de acordo com o mandamento que ele nos deu.
²⁴ Quem guarda os seus mandamentos
permanece com Deus e Deus permanece com ele.
Que ele permanece conosco,
sabemo-lo pelo Espírito que ele nos deu.
Palavra do Senhor.

171.   **1Jo 4,16-21**

*Deus é amor: quem permanece no amor,
permanece com Deus, e Deus permanece com ele.*

Leitura da Primeira Carta de São João

Caríssimos:
¹⁶ E nós conhecemos o amor
que Deus tem para conosco,
e acreditamos nele.
Deus é amor: quem permanece no amor,
permanece com Deus,
e Deus permanece com ele.
¹⁷ Nisto se realiza plenamente
o seu amor para conosco:

em nós termos plena confiança
no dia do julgamento,
porque, tal como Jesus, nós somos neste mundo.
¹⁸ No amor não há temor.
Ao contrário, o perfeito amor lança fora o temor,
pois o temor implica castigo,
e aquele que teme não chegou
à perfeição do amor.
¹⁹ Quanto a nós, amemos,
porque ele nos amou primeiro.
²⁰ Se alguém disser:
"Amo a Deus",
mas entretanto odeia o seu irmão,
é um mentiroso;
pois quem não ama o seu irmão, a quem vê,
não poderá amar a Deus, a quem não vê.
²¹ E este é o mandamento que dele recebemos:
aquele que ama a Deus,
ame também o seu irmão.
Palavra do Senhor.

172. Ap 2,1-5

Converte-te e volta à tua prática inicial.

Leitura do Apocalipse de São João

¹ "Assim fala aquele que tem na mão direita
as sete estrelas,
aquele que está andando no meio
dos sete candelabros de ouro:
² Conheço a tua conduta,
o teu esforço e a tua perseverança.
Sei que não suportas os maus.
Colocaste à prova alguns que se diziam apóstolos
e descobriste que não eram apóstolos,
mas mentirosos.
³ És perseverante.
Sofreste por causa do meu nome
e não desanimaste.
⁴ Todavia, há uma coisa que eu reprovo:
abandonaste o teu primeiro amor.
⁵ Lembra-te de onde caíste!
Converte-te e volta à tua prática inicial.
Se, pelo contrário, não te converteres,
virei depressa e arrancarei
o teu candelabro do seu lugar".
Palavra do Senhor.

173.   Ap 3,14-22

Porque és morno, nem frio nem quente,
estou para vomitar-te de minha boca.

Leitura do Apocalipse de São João

¹⁴ "Assim fala o Amém,
a testemunha fiel e verdadeira,
o princípio da criação de Deus:
¹⁵ Conheço a tua conduta.
Não és frio nem quente.
Oxalá fosses frio ou quente!
¹⁶ Mas, porque és morno,
nem frio nem quente,
estou para vomitar-te de minha boca.
¹⁷ Tu dizes:
'Sou rico e abastado
e não careço de nada',
em vez de reconhecer
que tu és infeliz, miserável,
pobre, cego e nu!
¹⁸ Dou-te um conselho:
compra de mim ouro purificado no fogo,
para ficares rico,
e vestes brancas, para vestires

e não aparecer a tua nudez vergonhosa;
e compra também um colírio
para curar os teus olhos,
para que enxergues.
¹⁹ Eu repreendo e educo os que eu amo.
Esforça-te, pois, e converte-te.
²⁰ Eis que estou à porta, e bato;
se alguém ouvir minha voz e abrir a porta,
eu entrarei na sua casa e tomaremos a refeição,
eu com ele e ele comigo.
²¹ Ao vencedor farei sentar-se comigo
no meu trono,
como também eu venci e estou sentado
com meu Pai no seu trono.
²² Quem tem ouvidos,
ouça o que o Espírito diz às Igrejas".
Palavra do Senhor.

174. Ap 20,11-15

E cada um foi julgado conforme sua conduta.

Leitura do Apocalipse de São João

11 Eu, João, vi ainda um grande trono branco
e aquele que estava sentado nele.
O céu e a terra fugiram da sua presença
e não se achou mais o lugar deles.
12 Vi também os mortos,
os grandes e os pequenos,
em pé diante do trono.
Foram abertos livros,
e mais um outro livro ainda:
o livro da vida.
Então foram julgados os mortos,
de acordo com sua conduta,
conforme está escrito nos livros.
13 O mar devolveu os mortos
que se encontravam nele.
A morte e a morada dos mortos
entregaram de volta os seus mortos.
E cada um foi julgado conforme sua conduta.
14 A morte e a morada dos mortos
foram então lançados no lago de fogo.
Esta é a segunda morte: o lago de fogo.

¹⁵ Quem não tinha o seu nome escrito no livro da
vida,
foi também lançado no lago de fogo.
Palavra do Senhor.

175. **Ap 21,1-8**

*O vencedor receberá esta herança,
e eu serei seu Deus, e ele será meu filho.*

Leitura do Apocalipse de São João

¹ Eu, João, vi um novo céu e uma nova terra.
Pois o primeiro céu e a primeira terra passaram,
e o mar já não existe.
² Vi a cidade santa, a nova Jerusalém,
que descia do céu, de junto de Deus,
vestida qual esposa enfeitada para o seu marido.
³ Então, ouvi uma voz forte
que saía do trono e dizia:
"Esta é a morada de Deus entre os homens.
Deus vai morar no meio deles.
Eles serão o seu povo,
e o próprio Deus estará com eles.
⁴ Deus enxugará toda lágrima dos seus olhos.

A morte não existirá mais,
e não haverá mais luto nem choro nem dor,
porque passou o que havia antes".
⁵ Aquele que está sentado no trono disse:
"Eis que faço novas todas as coisas".
Depois, ele me disse: "Escreve,
porque estas palavras são dignas
de fé e verdadeiras".
⁶ E disse-me ainda: "Está feito!
Eu sou o Alfa e o Ômega, o Princípio e o Fim.
A quem tiver sede, eu darei, de graça,
da fonte da água viva.
⁷ O vencedor receberá esta herança,
e eu serei seu Deus, e ele será meu filho".
⁸ Quanto aos covardes, infiéis, corruptos,
assassinos, imorais, feiticeiros,
idólatras e todos os mentirosos,
o lugar deles é o lago ardente de fogo e enxofre,
ou seja, a segunda morte".
Palavra do Senhor.

EVANGELHOS

176.   **Mt 3,1-12**

Convertei-vos, porque o Reino dos Céus está próximo.

☩ Proclamação do Evangelho de Jesus Cristo segundo João

¹ Naqueles dias, apareceu João Batista,
    pregando no deserto da Judéia:
² "Convertei-vos,
    porque o Reino dos Céus está próximo".
³ João foi anunciado pelo profeta Isaías, que disse:
    "Esta é a voz daquele que grita no deserto:
    preparai o caminho do Senhor,
    endireitai suas veredas!"
⁴ João usava uma roupa feita de pêlos de camelo
    e um cinturão de couro em torno dos rins;
    comia gafanhotos e mel do campo.
⁵ Os moradores de Jerusalém, de toda a Judéia
    e de todos os lugares em volta do rio Jordão
    vinham ao encontro de João.
⁶ Confessavam os seus pecados
    e João os batizava no rio Jordão.

⁷ Quando viu muitos fariseus e saduceus
vindo para o batismo, João disse-lhes:
"Raça de cobras venenosas, quem vos ensinou
a fugir da ira que vai chegar?
⁸ Produzi frutos que provem a vossa conversão.
⁹ Não penseis que basta dizer:
'Abraão é nosso pai',
porque eu vos digo: até mesmo destas pedras
Deus pode fazer nascer filhos de Abraão.
¹⁰ O machado já está na raiz das árvores,
e toda árvore que não der bom fruto
será cortada e jogada no fogo.
¹¹ Eu vos batizo com água para a conversão,
mas aquele que vem depois de mim
é mais forte do que eu.
Eu nem sou digno de carregar suas sandálias.
Ele vos batizará com o Espírito Santo e com fogo.
¹² Ele está com a pá na mão;
ele vai limpar sua eira
e recolher seu trigo no celeiro;
mas a palha ele a queimará
num fogo que não se apaga".
Palavra da Salvação.

177. Mt 4,12-17

*Convertei-vos, porque o
Reino dos Céus está próximo.*

✟ Proclamação do Evangelho de Jesus Cristo segundo Mateus

Naquele tempo,
¹² ao saber que João tinha sido preso,
Jesus voltou para a Galiléia.
¹³ Deixou Nazaré e foi morar em Cafarnaum,
que fica às margens do mar da Galiléia,
¹⁴ no território de Zabulon e Neftali,
para se cumprir o que foi dito pelo profeta Isaías:
¹⁵ "Terra de Zabulon, terra de Neftali,
caminho do mar,
região do outro lado do rio Jordão,
Galiléia dos pagãos!
¹⁶ O povo que vivia nas trevas viu uma grande luz;
e para os que viviam na região escura da morte
brilhou uma luz".
¹⁷ Daí em diante, Jesus começou a pregar, dizendo:
"Convertei-vos, porque o Reino dos Céus
está próximo".
Palavra da Salvação.

178.   Mt 5,1-12

*Vendo as multidões, subiu ao monte
e começou a ensinar os seus discípulos.*

✠ Proclamação do Evangelho de Jesus Cristo
segundo Mateus

Naquele tempo,
¹ vendo Jesus as multidões,
subiu ao monte e sentou-se.
Os discípulos aproximaram-se,
² e Jesus começou a ensiná-los:
³ "Bem-aventurados os pobres em espírito,
porque deles é o Reino dos Céus.
⁴ Bem-aventurados os aflitos,
porque serão consolados.
⁵ Bem-aventurados os mansos,
porque possuirão a terra.
⁶ Bem-aventurados os que têm fome
e sede de justiça,
porque serão saciados.
⁷ Bem-aventurados os misericordiosos,
porque alcançarão misericórdia.
⁸ Bem-aventurados os puros de coração,
porque verão a Deus.

⁹ Bem-aventurados os que promovem a paz,
porque serão chamados filhos de Deus.
¹⁰ Bem-aventurados os que são perseguidos
por causa da justiça,
porque deles é o Reino dos Céus.
¹¹ Bem-aventurados sois vós,
quando vos injuriarem e perseguirem,
e, mentindo, disserem todo tipo de mal contra vós,
por causa de mim.
¹² Alegrai-vos e exultai,
porque será grande a vossa recompensa nos céus.
Do mesmo modo perseguiram
os profetas que vieram antes de vós.
Palavra da Salvação.

179.   Mt 5,13-16

Assim brilhe a vossa luz diante dos homens.

☩ Proclamação do Evangelho de Jesus Cristo segundo Mateus

Naquele tempo,
disse Jesus a seus discípulos:
¹³ Vós sois o sal da terra.
Ora, se o sal se tornar insosso,
com que salgaremos?
Ele não servirá para mais nada,
senão para ser jogado fora
e ser pisado pelos homens.
¹⁴ Vós sois a luz do mundo.
Não pode ficar escondida uma cidade
construída sobre um monte.
¹⁵ Ninguém acende uma lâmpada
e a coloca debaixo de uma vasilha,
mas sim num candeeiro,
onde ela brilha para todos os que estão em casa.
¹⁶ Assim também brilhe a vossa luz
diante dos homens,
para que vejam as vossas boas obras
e louvem o vosso Pai que está nos céus.
Palavra da Salvação.

180. **Mt 5,17-47**

Eu, porém, vos digo.

✠ Proclamação do Evangelho de Jesus Cristo segundo Mateus

Naquele tempo,
disse Jesus a seus discípulos:
¹⁷ Não penseis que vim abolir a Lei e os Profetas.
Não vim para abolir,
mas para dar-lhes pleno cumprimento.
¹⁸ Em verdade, eu vos digo:
antes que o céu e a terra deixem de existir,
nem uma só letra ou vírgula
serão tiradas da Lei,
sem que tudo se cumpra.
¹⁹ Portanto, quem desobedecer
a um só destes mandamentos, por menor que seja,
e ensinar os outros a fazerem o mesmo,
será considerado o menor no Reino dos Céus.
Porém, quem os praticar e ensinar,
será considerado grande no Reino dos Céus.
²⁰ Porque eu vos digo:
Se a vossa justiça não for maior
que a justiça dos mestres da Lei e dos fariseus,
vós não entrareis no Reino dos Céus.

²¹ Vós ouvistes o que foi dito aos antigos:
'Não matarás!
Quem matar será condenado pelo tribunal'.
²² Eu, porém, vos digo:
todo aquele que se encoleriza com seu irmão
será réu em juízo;
quem disser ao seu irmão: 'patife!'
será condenado pelo tribunal;
quem chamar o irmão de 'tolo'
será condenado ao fogo do inferno.
²³ Portanto, quando tu estiveres levando
a tua oferta para o altar, e ali te lembrares
que teu irmão tem alguma coisa contra ti,
²⁴ deixa a tua oferta ali diante do altar,
e vai primeiro reconciliar-te com o teu irmão.
Só então vai apresentar a tua oferta.
²⁵ Procura reconciliar-te com teu adversário,
enquanto caminha contigo para o tribunal.
Senão o adversário te entregará ao juiz,
o juiz te entregará ao oficial de justiça,
e tu serás jogado na prisão.
²⁶ Em verdade eu te digo:
dali não sairás,
enquanto não pagares o último centavo.
²⁷ Ouvistes o que foi dito:
'Não cometerás adultério'.

²⁸ Eu, porém, vos digo:
Todo aquele que olhar para uma mulher,
com o desejo de possuí-la,
já cometeu adultério com ela no seu coração.
²⁹ Se o teu olho direito é para ti ocasião de pecado,
arranca-o e joga-o para longe de ti!
De fato, é melhor perder um de teus membros,
do que todo o teu corpo ser jogado no inferno.
³⁰ Se a tua mão direita é para ti ocasião de pecado,
corta-a e joga-a para longe de ti!
De fato, é melhor perder um dos teus membros,
do que todo o teu corpo ir para o inferno.
³¹ Foi dito também:
'Quem se divorciar de sua mulher,
dê-lhe uma certidão de divórcio'.
³² Eu, porém, vos digo:
Todo aquele que se divorcia de sua mulher,
a não ser por motivo de união irregular,
faz com que ela se torne adúltera;
e quem se casa com a mulher divorciada
comete adultério.
³³ Vós ouvistes também o que foi dito aos antigos:
'Não jurarás falso', mas 'cumprirás
os teus juramentos feitos ao Senhor'.
³⁴ Eu, porém, vos digo:
Não jureis de modo algum:
nem pelo céu, porque é o trono de Deus;

³⁵ nem pela terra, porque é o suporte
onde apóia os seus pés;
nem por Jerusalém, porque é a cidade
do Grande Rei.
³⁶ Não jures tão pouco pela tua cabeça,
porque tu não podes tornar branco ou preto
um só fio de cabelo.
³⁷ Seja o vosso 'sim': 'Sim',
e o vosso 'não': 'Não'.
Tudo o que for além disso vem do Maligno.
³⁸ Vós ouvistes o que foi dito:
'Olho por olho e dente por dente!'
³⁹ Eu, porém, vos digo:
Não enfrenteis quem é malvado!
Pelo contrário, se alguém te dá um tapa
na face direita,
oferece-lhe também a esquerda!
⁴⁰ Se alguém quiser abrir um processo
para tomar a tua túnica, dá-lhe também
o manto!
⁴¹ Se alguém te forçar a andar um quilômetro,
caminha dois com ele!
⁴² Dá a quem te pedir
e não vires as costas a quem
te pede emprestado.
⁴³ Vós ouvistes o que foi dito:
'Amarás o teu próximo e odiarás o teu inimigo!'

⁴⁴ Eu, porém, vos digo: Amai os vossos inimigos
e rezai por aqueles que vos perseguem!
⁴⁵ Assim, vos tornareis filhos
do vosso Pai que está nos céus,
porque ele faz nascer o sol sobre maus e bons,
e faz cair a chuva sobre justos e injustos.
⁴⁶ Porque, se amais somente aqueles que vos amam,
que recompensa tereis?
Os cobradores de impostos
não fazem a mesma coisa?
⁴⁷ E se saudais somente os vossos irmãos,
o que fazeis de extraordinário?
Os pagãos não fazem a mesma coisa?"
Palavra da Salvação.

181. Mt 9,1-8

Coragem, filho, os teus pecados estão perdoados!

✠ Proclamação do Evangelho de Jesus Cristo
segundo Mateus

Naquele tempo,
¹ entrando em um barco,
Jesus atravessou para a outra margem do lago
e foi para a sua cidade.

² Apresentaram-lhe, então,
um paralítico deitado numa cama.
Vendo a fé que eles tinham,
Jesus disse ao paralítico:
"Coragem, filho, os teus pecados
estão perdoados!"
³ Então alguns mestres da Lei pensaram:
"Esse homem está blasfemando!"
⁴ Mas Jesus, conhecendo os pensamentos deles,
disse:
"Por que tendes esses maus pensamentos
em vossos corações?
⁵ O que é mais fácil, dizer:
'Os teus pecados estão perdoados',
ou dizer: 'Levanta-te e anda?'
⁶ Pois bem, para que saibais
que o Filho do Homem tem na terra
poder para perdoar pecados,
– disse, então, ao paralítico –
Levanta-te, pega a tua cama e vai para a tua casa".
⁷ O paralítico então se levantou,
e foi para a sua casa.
⁸ Vendo isso, a multidão ficou com medo
e glorificou a Deus,
por ter dado tal poder aos homens.
⁹ Partindo dali, Jesus viu um homem chamado
Mateus,

sentado na coletoria de impostos,
e disse-lhe: "Segue-me!"
Ele se levantou e seguiu a Jesus.
Palavra da Salvação.

182.   **Mt 9,9-13**

Eu não vim para chamar os justos,
mas os pecadores.

☩ Proclamação do Evangelho de Jesus Cristo
segundo Mateus

Naquele tempo,
⁹ partindo dali, Jesus viu um homem chamado
Mateus,
sentado na coletoria de impostos,
e disse-lhe: "Segue-me!"
Ele se levantou e seguiu a Jesus.
¹⁰ Enquanto Jesus estava à mesa, em casa de Mateus,
vieram muitos cobradores de impostos
e pecadores
e sentaram-se à mesa com Jesus
e seus discípulos.
¹¹ Alguns fariseus viram isso
e perguntaram aos discípulos:

"Por que vosso mestre
come com os cobradores de impostos
e pecadores?"
¹² Jesus ouviu a pergunta e respondeu:
"Aqueles que têm saúde não precisam
de médico, mas sim os doentes.
¹³ Aprendei, pois, o que significa:
'Quero misericórdia e não sacrifício'.
De fato, eu não vim para chamar os justos,
mas os pecadores".
Palavra da Salvação.

183.   **Mt 18,15-20**

Tu ganhaste o teu irmão

☩ Proclamação do Evangelho de Jesus Cristo
segundo Mateus

Naquele tempo, disse Jesus aos seus discípulos:
¹⁵ "Se o teu irmão pecar contra ti, vai corrigi-lo,
mas em particular, à sós contigo!
Se ele te ouvir, tu ganhaste o teu irmão.
¹⁶ Se ele não te ouvir,
toma contigo mais uma ou duas pessoas,
para que toda a questão seja decidida

sob a palavra de duas ou três testemunhas.
¹⁷ Se ele não vos der ouvido, dize-o à Igreja.
Se nem mesmo à Igreja ele ouvir,
seja tratado como se fosse um pagão
ou um pecador público.
¹⁸ Em verdade vos digo,
tudo o que ligardes na terra será ligado no céu,
e tudo o que desligardes na terra
será desligado no céu.
¹⁹ De novo, eu vos digo:
se dois de vós estiverem de acordo na terra
sobre qualquer coisa que quiserem pedir,
isto lhes será concedido
por meu Pai que está nos céus.
²⁰ Pois, onde dois ou três estiverem
reunidos em meu nome
eu estou ali, no meio deles".
Palavra da Salvação.

184. Mt 18,21-35

*É assim que o meu Pai que está nos céus
fará convosco, se cada um não perdoar
de coração ao seu irmão.*

✠ Proclamação do Evangelho de Jesus Cristo
segundo Mateus

Naquele tempo,
²¹ Pedro aproximou-se de Jesus e perguntou:
"Senhor, quantas vezes devo perdoar,
se meu irmão pecar contra mim?
Até sete vezes?"
²² Jesus respondeu:
"Não te digo até sete vezes,
mas até setenta vezes sete.
²³ Porque o Reino dos Céus é como um rei
que resolveu acertar as contas
com seus empregados.
²⁴ Quando começou o acerto,
trouxeram-lhe um que lhe devia
uma enorme fortuna.
²⁵ Como o empregado não tivesse com que pagar,
o patrão mandou que fosse vendido

como escravo, junto com a mulher e os filhos e
tudo o que possuía, para que pagasse a dívida.
²⁶ O empregado, porém, caiu aos pés do patrão,
e, prostrado, suplicava:
'Dá-me um prazo! e eu te pagarei tudo'.
²⁷ Diante disso, o patrão teve compaixão,
soltou o empregado e perdoou-lhe a dívida.
²⁸ Ao sair dali,
aquele empregado encontrou
um dos seus companheiros
que lhe devia apenas cem moedas.
Ele o agarrou e começou a sufocá-lo, dizendo:
'Paga o que me deves'.
²⁹ O companheiro, caindo aos seus pés, suplicava:
'Dá-me um prazo! e eu te pagarei'.
³⁰ Mas o empregado não quis saber disso.
Saiu e mandou jogá-lo na prisão,
até que pagasse o que devia.
³¹ Vendo o que havia acontecido,
os outros empregados ficaram muito tristes,
procuraram o patrão e lhe contaram tudo.
³² Então o patrão mandou chamá-lo e lhe disse:
'Empregado perverso,
eu te perdoei toda a tua dívida,
porque tu me suplicaste.
³³ Não devias tu também,
ter compaixão do teu companheiro,

como eu tive compaixão de ti?'
³⁴ O patrão indignou-se
e mandou entregar aquele empregado
aos torturadores,
até que pagasse toda a sua dívida.
³⁵ É assim que o meu Pai que está nos céus
fará convosco,
se cada um não perdoar de coração
ao seu irmão".
Palavra da Salvação.

185. **Mt 25,31-46**

*Todas as vezes que fizestes isso a um dos menores
de meus irmãos, foi a mim que o fizestes!*

✠ Proclamação do Evangelho de Jesus Cristo
segundo Mateus

Naquele tempo,
disse Jesus a seus discípulos:
³¹ "Quando o Filho do Homem vier em sua glória,
acompanhado de todos os anjos,
então se assentará em seu trono glorioso.
³² Todos os povos da terra serão reunidos
diante dele,

e ele separará uns dos outros,
assim como o pastor separa
as ovelhas dos cabritos.
33 E colocará as ovelhas à sua direita
e os cabritos à sua esquerda.
34 Então o Rei dirá aos que estiverem à sua direita:
'Vinde, benditos de meu Pai!
Recebei como herança o Reino
que meu Pai vos preparou
desde a criação do mundo!
35 Pois eu estava com fome e me destes de comer;
eu estava com sede e me destes de beber;
eu era estrangeiro e me recebestes em casa;
36 eu estava nu e me vestistes;
eu estava doente e cuidastes de mim;
eu estava na prisão e fostes me visitar'.
37 Então os justos lhe perguntarão:
'Senhor, quando foi que te vimos com fome
e te demos de comer,
com sede e te demos de beber?
38 Quando foi que te vimos como estrangeiro
e te recebemos em casa,
e sem roupa e te vestimos?
39 Quando foi que te vimos doente ou preso,
e fomos te visitar?'
40 Então o Rei lhes responderá:
'Em verdade eu vos digo,

que todas as vezes que fizestes isso
a um dos menores de meus irmãos,
foi a mim que o fizestes!'

⁴¹ Depois o Rei dirá aos que estiverem
à sua esquerda:
'Afastai-vos de mim, malditos!
Ide para o fogo eterno,
preparado para o diabo e para os seus anjos.

⁴² Pois eu estava com fome
e não me destes de comer;
eu estava com sede e não me destes de beber;

⁴³ eu era estrangeiro e não me recebestes em casa;
eu estava nu e não me vestistes;
eu estava doente e na prisão
e não fostes me visitar'.

⁴⁴ E responderão também eles:
'Senhor, quando foi que te vimos com fome,
ou com sede,
como estrangeiro, ou nu, doente ou preso,
e não te servimos?'

⁴⁵ Então o Rei lhes responderá:
'Em verdade eu vos digo, todas as vezes
que não fizestes isso a um desses pequeninos,
foi a mim que não o fizestes!'

⁴⁶ Portanto, estes irão para o castigo eterno,
enquanto os justos irão para a vida eterna".
Palavra da Salvação.

186. Mt 26,69-75

Saindo dali, chorou amargamente.

✠ Proclamação do Evangelho de Jesus Cristo segundo Mateus

Naquele tempo,
⁶⁹ Pedro estava sentado fora, no pátio.
Uma criada chegou perto dele e disse:
"Tu também estavas com Jesus, o Galileu!"
⁷⁰ Mas ele negou diante de todos:
"Não sei o que tu estás dizendo".
⁷¹ E saiu para a entrada do pátio.
Então uma outra criada viu Pedro
e disse aos que estavam ali:
"Este também estava com Jesus, o Nazareno".
⁷² Pedro negou outra vez, jurando:
"Nem conheço esse homem!"
⁷³ Pouco depois, os que estavam ali
aproximaram-se de Pedro e disseram:
"É claro que tu também és um deles,
pois o teu modo de falar te denuncia".
⁷⁴ Pedro começou a maldizer e a jurar, dizendo
que não conhecia esse homem!"
E nesse instante o galo cantou.

⁷⁵ Pedro se lembrou do que Jesus tinha dito:
"Antes que o galo cante,
tu me negarás três vezes".
E saindo dali, chorou amargamente.
Palavra da Salvação,

187.   Mc 12,28-34

O primeiro de todos os mandamentos.

✠ Proclamação do Evangelho de Jesus Cristo
segundo Marcos

²⁸ Naquele tempo, um mestre da Lei,
aproximou-se de Jesus e perguntou-lhe:
"Qual é o primeiro de todos os mandamentos?"
²⁹ Jesus respondeu:
"O primeiro é este:
Ouve, ó Israel!
O Senhor nosso Deus é o único Senhor.
³⁰ Amarás o Senhor teu Deus
de todo o teu coração, de toda a tua alma,
de todo o teu entendimento e
com toda a tua força!
³¹ O segundo mandamento é:

Amarás o teu próximo como a ti mesmo!
Não existe outro mandamento maior
do que estes".
³² O mestre da Lei disse a Jesus:
"Muito bem, Mestre!
Na verdade, é como disseste:
Ele é o único Deus e não existe outro além dele.
³³ Amá-lo de todo o coração, de toda a mente,
e com toda a força,
e amar o próximo como a si mesmo
é melhor do que todos os holocaustos
e sacrifícios".
³⁴ Jesus viu que ele tinha respondido
com inteligência,
e disse:
"Tu não estás longe do Reino de Deus".
E ninguém mais tinha coragem
de fazer perguntas a Jesus.
Palavra da Salvação.

188.   Lc 7,36-50

Os muitos pecados que ela cometeu estão perdoados porque ela mostrou muito amor.

✠ Proclamação do Evangelho de Jesus Cristo segundo Lucas

Naquele tempo,
^{36} um fariseu convidou Jesus
para uma refeição em sua casa.
Jesus entrou na casa do fariseu e pôs-se à mesa.
^{37} Certa mulher, conhecida na cidade como pecadora,
soube que Jesus estava à mesa, na casa do fariseu.
Ela trouxe um frasco de alabastro com perfume,
^{38} e, ficando por detrás, chorava aos pés de Jesus;
com as lágrimas começou a banhar-lhe os pés,
enxugava-os com os cabelos,
cobria-os de beijos e os ungia com o perfume.
^{39} Vendo isso, o fariseu que o havia convidado
ficou pensando:
"Se este homem fosse um profeta,
saberia que tipo de mulher está tocando nele,
pois é uma pecadora".
^{40} Jesus disse então ao fariseu:
"Simão, tenho uma coisa para te dizer".

Simão respondeu:
"Fala, mestre!"
⁴¹ "Certo credor tinha dois devedores;
um lhe devia quinhentas moedas de prata,
o outro, cinqüenta.
⁴² Como não tivessem com que pagar,
o homem perdoou os dois.
Qual deles o amará mais?"
⁴³ Simão respondeu:
"Acho que é aquele ao qual perdoou mais".
Jesus lhe disse:
"Tu julgaste corretamente".
⁴⁴ Então Jesus virou-se para a mulher
e disse a Simão:
"Estás vendo esta mulher?
Quando entrei em tua casa,
tu não me ofereceste água para lavar os pés;
ela, porém, banhou meus pés com lágrimas
e enxugou-os com os cabelos.
⁴⁵ Tu não me deste o beijo de saudação;
ela, porém, desde que entrei,
não parou de beijar meus pés.
⁴⁶ Tu não derramaste óleo na minha cabeça;
ela, porém, ungiu meus pés com perfume.
⁴⁷ Por esta razão, eu te declaro:
os muitos pecados que ela cometeu estão
perdoados porque ela mostrou muito amor.

Aquele a quem se perdoa pouco mostra
pouco amor".
⁴⁸ E Jesus disse à mulher:
"Teus pecados estão perdoados".
⁴⁹ Então, os convidados começaram a pensar:
"Quem é este que até perdoa pecados?"
⁵⁰ Mas Jesus disse à mulher:
"Tua fé te salvou. Vai em paz!"
Palavra da Salvação.

189.   Lc 13,1-5

*Se não vos converterdes,
ireis morrer todos do mesmo modo.*

✠ Proclamação do Evangelho de Jesus Cristo
segundo Lucas

¹ Naquele tempo, vieram algumas pessoas
trazendo notícias a Jesus
a respeito dos galileus que Pilatos tinha matado,
misturando seu sangue
com o dos sacrifícios que ofereciam.
² Jesus lhes respondeu:
"Vós pensais que esses galileus eram mais
pecadores

do que todos os outros galileus,
por terem sofrido tal coisa?
³ Eu vos digo que não.
Mas se vós não vos converterdes,
ireis morrer todos do mesmo modo.
⁴ E aqueles dezoito que morreram,
quando a torre de Siloé caiu sobre eles?
Pensais que eram mais culpados
do que todos os outros moradores de Jerusalém?
⁵ Eu vos digo que não.
Mas, se não vos converterdes,
ireis morrer todos do mesmo modo".
Palavra da Salvação.

190. **Lc 15,1-10**

Haverá no céu alegria por um só pecador que se converte.

☩ Proclamação do Evangelho de Jesus Cristo segundo Lucas

Naquele tempo,
¹ os publicanos e pecadores
aproximavam-se de Jesus para o escutar.

² Os fariseus, porém,
e os mestres da Lei criticavam Jesus.
"Este homem acolhe os pecadores
e faz refeição com eles".
³ Então Jesus contou-lhes esta parábola:
⁴ "Se um de vós tem cem ovelhas e perde uma,
não deixa as noventa e nove no deserto,
e vai atrás daquela que se perdeu,
até encontrá-la?
⁵ Quando a encontra,
coloca-a nos ombros com alegria,
⁶ e, chegando a casa,
reúne os amigos e vizinhos,
e diz:
'Alegrai-vos comigo!
Encontrei a minha ovelha que estava perdida!'
⁷ Eu vos digo:
Assim haverá no céu mais alegria
por um só pecador que se converte,
do que por noventa e nove justos
que não precisam de conversão.
⁸ E se uma mulher tem dez moedas de prata
e perde uma,
não acende uma lâmpada,
varre a casa e a procura cuidadosamente,
até encontrá-la?

⁹ Quando a encontra,
reúne as amigas e vizinhas, e diz:
'Alegrai-vos comigo!
Encontrei a moeda que tinha perdido!
¹⁰ Por isso, eu vos digo,
haverá alegria entre os anjos de Deus
por um só pecador que se converte".
Palavra da Salvação.

191. Lc 15,11-32

Quando ainda estava longe, seu pai o avistou e sentiu compaixão. Correu-lhe ao encontro, abraçou-o, e cobriu-o de beijos.

✠ Proclamação do Evangelho de Jesus Cristo segundo Lucas

Naquele tempo, Jesus contou a seguinte parábola, dizendo:
¹¹ "Um homem tinha dois filhos.
¹² O filho mais novo disse ao pai:
'Pai, dá-me a parte da herança que me cabe'.
E o pai dividiu os bens entre eles.
¹³ Poucos dias depois,
o filho mais novo juntou o que era seu
e partiu para um lugar distante.

E ali esbanjou tudo numa vida desenfreada.
¹⁴ Quando tinha gasto tudo o que possuía,
houve uma grande fome naquela região,
e ele começou a passar necessidade.
¹⁵ Então foi pedir trabalho a um homem do lugar,
que o mandou para seu campo
cuidar dos porcos.
¹⁶ O rapaz queria matar a fome
com a comida que os porcos comiam,
mas nem isto lhe davam.
¹⁷ Então caiu em si e disse:
'Quantos empregados do meu pai
têm pão com fartura,
e eu aqui, morrendo de fome.
¹⁸ Vou-me embora, vou voltar para meu pai e
dizer-lhe:
'Pai, pequei contra Deus e contra ti;
¹⁹ já não mereço ser chamado teu filho.
Trata-me como a um dos teus empregados'.
²⁰ Então ele partiu e voltou para seu pai.
Quando ainda estava longe, seu pai o avistou
e sentiu compaixão.
Correu-lhe ao encontro, abraçou-o,
e cobriu-o de beijos.
²¹ O filho, então, lhe disse:
'Pai, pequei contra Deus e contra ti.
Já não mereço ser chamado teu filho'.

²² Mas o pai disse aos empregados:
'Trazei depressa a melhor túnica
para vestir meu filho.
E colocai um anel no seu dedo
e sandálias nos pés.
²³ Trazei um novilho gordo e matai-o.
Vamos fazer um banquete.
²⁴ Porque este meu filho estava morto
e tornou a viver;
estava perdido e foi encontrado'.
E começaram a festa.
²⁵ O filho mais velho estava no campo.
Ao voltar, já perto de casa,
ouviu música e barulho de dança.
²⁶ Então chamou um dos criados
e perguntou o que estava acontecendo.
²⁷ O criado respondeu:
'É teu irmão que voltou.
Teu pai matou o novilho gordo,
porque o recuperou com saúde'.
²⁸ Mas ele ficou com raiva e não queria entrar.
O pai, saindo, insistia com ele.
²⁹ Ele, porém, respondeu ao pai:
'Eu trabalho para ti há tantos anos,
jamais desobedeci a qualquer ordem tua.
E tu nunca me deste um cabrito
para eu festejar com meus amigos.

³⁰ Quando chegou esse teu filho,
que esbanjou teus bens com prostitutas,
matas para ele o novilho cevado'.
³¹ Então o pai lhe disse:
'Filho, tu estás sempre comigo,
e tudo o que é meu é teu.
³² Mas era preciso festejar e alegrar-nos,
porque este teu irmão estava morto
e tornou a viver;
estava perdido, e foi encontrado' ".
Palavra da Salvação.

192.   Lc 17,1- 4

*Se ele pecar contra ti sete vezes num só dia,
e sete vezes vier a ti, dizendo:
'Estou arrependido', tu deves perdoá-lo.*

✠ Proclamação do Evangelho de Jesus Cristo
segundo Lucas

Naquele tempo,
¹ Jesus disse a seus discípulos:
"É inevitável que aconteçam escândalos.
Mas ai daquele que produz escândalos!

² Seria melhor para ele
que lhe amarrassem uma pedra de moinho
no pescoço e o jogassem no mar,
do que escandalizar um desses pequeninos.
³ Prestai atenção:
se o teu irmão pecar, repreende-o.
Se ele se converter, perdoa-lhe.
⁴ Se ele pecar contra ti sete vezes num só dia,
e sete vezes vier a ti, dizendo:
'Estou arrependido', tu deves perdoá-lo".
Palavra da Salvação.

193. **Lc 18,9-14**

Meu Deus, tem piedade de mim que sou pecador!

✢ Proclamação do Evangelho de Jesus Cristo segundo Lucas

Naquele tempo,
⁹ Jesus contou esta parábola
para alguns que confiavam na sua própria
justiça e desprezavam os outros:
¹⁰ "Dois homens subiram ao Templo para rezar:
um era fariseu, o outro cobrador de impostos.

¹¹ O fariseu, de pé, rezava assim em seu íntimo:
'Deus, eu te agradeço
porque não sou como os outros homens,
ladrões, desonestos, adúlteros,
nem como este cobrador de impostos.
¹² Eu jejuo duas vezes por semana,
e dou o dízimo de toda a minha renda'.
¹³ O cobrador de impostos, porém,
ficou à distância,
e nem se atrevia a levantar os olhos para o céu;
mas batia no peito, dizendo:
'Meu Deus, tem piedade de mim
que sou pecador!'
¹⁴ Eu vos digo:
este último voltou para casa justificado,
o outro não.
Pois quem se eleva será humilhado,
e quem se humilha será elevado".
Palavra da Salvação.

194. **Lc 19,1-10**

*O Filho do Homem veio procurar
e salvar o que estava perdido.*

✠ Proclamação do Evangelho de Jesus Cristo
segundo Lucas

Naquele tempo,
¹ Jesus tinha entrado em Jericó
e estava atravessando a cidade.
² Havia ali um homem chamado Zaqueu,
que era chefe dos cobradores de impostos e
muito rico.
³ Zaqueu procurava ver quem era Jesus,
mas não conseguia, por causa da multidão,
pois era muito baixo.
⁴ Então ele correu à frente
e subiu numa figueira para ver Jesus,
que devia passar por ali.
⁵ Quando Jesus chegou ao lugar,
olhou para cima e disse:
"Zaqueu, desce depressa!
Hoje eu devo ficar na tua casa".
⁶ Ele desceu depressa, e recebeu Jesus
com alegria.

⁷ Ao ver isso, todos começaram a murmurar,
dizendo:
"Ele foi hospedar-se na casa de um pecador!"
⁸ Zaqueu ficou de pé, e disse ao Senhor:
"Senhor, eu dou a metade dos meus bens
aos pobres, e se defraudei alguém,
vou devolver quatro vezes mais".
⁹ Jesus lhe disse:
"Hoje a salvação entrou nesta casa,
porque também este homem é um filho de Abraão.
¹⁰ Com efeito, o Filho do Homem
veio procurar e salvar o que estava perdido".
Palavra da Salvação.

195.   Lc 23,39-43

Ainda hoje estarás comigo no Paraíso.

✠ Proclamação do Evangelho de Jesus Cristo
segundo Lucas

Naquele tempo,
³⁹ um dos malfeitores crucificados insultava a
Jesus, dizendo:
"Tu não és o Cristo?
Salva-te a ti mesmo e a nós!"

⁴⁰ Mas o outro o repreendeu, dizendo:
"Nem sequer temes a Deus,
tu que sofres a mesma condenação?
⁴¹ Para nós, é justo,
porque estamos recebendo o que merecemos;
mas ele não fez nada de mal".
⁴² E acrescentou:
" Jesus, lembra-te de mim,
quando entrares no teu reinado".
⁴³ Jesus lhe respondeu:
"Em verdade eu te digo:
ainda hoje estarás comigo no Paraíso".
Palavra da Salvação.

196.   Jo 8,1-11

Podes ir, e de agora em diante não peques mais.

☩ Proclamação do Evangelho de Jesus Cristo
segundo João

Naquele tempo,
¹ Jesus foi para o monte das Oliveiras.
² De madrugada, voltou de novo ao Templo.
Todo o povo se reuniu em volta dele.

Sentando-se, começou a ensiná-los.
³ Entretanto, os mestres da Lei e os fariseus trouxeram uma mulher surpreendida em adultério. Colocando-a no meio deles,
⁴ disseram a Jesus:
"Mestre,
esta mulher foi surpreendida em flagrante adultério.
⁵ Moisés na Lei mandou apedrejar tais mulheres. Que dizes tu?"
⁶ Perguntavam isso para experimentar Jesus e para terem motivo de o acusar.
Mas Jesus, inclinando-se,
começou a escrever com o dedo no chão.
⁷ Como persistissem em interrogá-lo,
Jesus ergueu-se e disse:
"Quem dentre vós não tiver pecado,
seja o primeiro a atirar-lhe uma pedra".
⁸ E tornando a inclinar-se,
continuou a escrever no chão.
⁹ E eles, ouvindo o que Jesus falou,
foram saindo um a um,
a começar pelos mais velhos;
e Jesus ficou sozinho,
com a mulher que estava lá, no meio, em pé.
¹⁰ Então Jesus se levantou e disse:

"Mulher, onde estão eles?
Ninguém te condenou?"
¹¹ Ela respondeu:
"Ninguém, Senhor".
Então Jesus lhe disse:
"Eu, também, não te condeno.
Podes ir, e de agora em diante não peques mais".
Palavra da Salvação.

197. **Jo 8, 31-36**

Todo aquele que comete pecado é escravo do pecado.

☩ Proclamação do Evangelho de Jesus Cristo segundo João

Naquele tempo,
³¹ Então Jesus disse aos judeus que nele tinham acreditado:
"Se permanecerdes na minha palavra,
sereis verdadeiramente meus discípulos,
³² e conhecereis a verdade,
e a verdade vos libertará".
³³ Responderam eles:
"Somos descendentes de Abraão,
e nunca fomos escravos de ninguém.

Como podes dizer:
'Vós vos tornareis livres?' "
³⁴ Jesus respondeu:
"Em verdade, em verdade vos digo,
todo aquele que comete pecado é escravo do pecado.
³⁵ O escravo não permanece para sempre numa família,
mas o filho permanece nela para sempre.
³⁶ Se, pois, o Filho vos libertar,
sereis verdadeiramente livres".
Palavra da Salvação.

198. **Jo 15,1-8**

Todo ramo que em mim não dá fruto ele o corta;
e todo ramo que dá fruto, ele o limpa,
para que dê mais fruto ainda.

✠ Proclamação do Evangelho de Jesus Cristo segundo João

Naquele tempo,
disse Jesus a seus Apóstolos:
¹ "Eu sou a videira verdadeira
e meu Pai é o agricultor.

² Todo ramo que em mim não dá fruto
ele o corta;
e todo ramo que dá fruto,
ele o limpa, para que dê mais fruto ainda.
³ Vós já estais limpos
por causa da palavra que eu vos falei.
⁴ Permanecei em mim
e eu permanecerei em vós.
Como o ramo não pode dar fruto por si mesmo,
se não permanecer na videira,
assim também vós não podereis dar fruto,
se não permanecerdes em mim.
⁵ Eu sou a videira e vós os ramos.
Aquele que permaneceu em mim, e eu nele,
esse produz muito fruto;
porque sem mim nada podeis fazer.
⁶ Quem não permanecer em mim,
será lançado fora como um ramo e secará.
Tais ramos são recolhidos,
lançados no fogo e queimados.
⁷ Se permanecerdes em mim
e minhas palavras permanecerem em vós,
pedi o que quiserdes e vos será dado.
⁸ Nisto meu Pai é glorificado:
que deis muito fruto
e vos torneis meus discípulos".
Palavra da Salvação.

199.   Jo 15,9-14

Vós sois meus amigos,
se fizerdes o que eu vos mando.

✟ Proclamação do Evangelho de Jesus Cristo segundo João

Naquele tempo, disse Jesus a seus Apóstolos:
⁹ Como meu Pai me amou,
assim também eu vos amei.
Permanecei no meu amor.
¹⁰ Se guardardes os meus mandamentos,
permanecereis no meu amor,
assim como eu guardei
os mandamentos do meu Pai
e permaneço no seu amor.
¹¹ Eu vos disse isto,
para que a minha alegria esteja em vós
e a vossa alegria seja plena.
¹² Este é o meu mandamento:
amai-vos uns aos outros,
assim como eu vos amei.
¹³ Ninguém tem amor maior
do que aquele que dá sua vida pelos amigos.
¹⁴ Vós sois meus amigos,
se fizerdes o que eu vos mando.
Palavra da Salvação.

200. Jo 19,13-17

Olharão para aquele que traspassaram.

☩ Proclamação do Evangelho de Jesus Cristo segundo João

Naquele tempo,
¹³ Pilatos trouxe Jesus para fora
e sentou-se no tribunal,
no lugar chamado "Pavimento",
em hebraico "Gábata".
¹⁴ Era o dia da preparação da Páscoa,
por volta do meio-dia.
Pilatos disse aos judeus:
"Eis o vosso rei!"
¹⁵ Eles, porém, gritavam:
"Fora! Fora! Crucifica-o!"
Pilatos disse:
"Hei de crucificar o vosso rei?"
Os sumos sacerdotes responderam:
"Não temos outro rei senão César".
¹⁶ Então Pilatos entregou Jesus para ser crucificado,
e eles o levaram.
¹⁷ Jesus tomou a cruz sobre si
e saiu para o lugar chamado "Calvário",
em hebraico, "Gólgota".

¹⁸ Ali o crucificaram, com outros dois:
um de cada lado, e Jesus no meio.
¹⁹ Pilatos mandou ainda escrever um letreiro
e colocá-lo na cruz;
nela estava escrito:
"Jesus o Nazareno, o Rei dos Judeus".
²⁰ Muitos judeus puderam ver o letreiro,
porque o lugar em que Jesus foi crucificado
ficava perto da cidade.
O letreiro estava escrito em hebraico,
latim e grego.
²¹ Então os sumos sacerdotes dos judeus
 disseram a Pilatos:
"Não escrevas 'O Rei dos Judeus',
mas sim o que ele disse:
'Eu sou o Rei dos judeus' ".
²² Pilatos respondeu:
"O que escrevi, está escrito".
²³ Depois que crucificaram Jesus,
os soldados repartiram a sua roupa
 em quatro partes,
uma parte para cada soldado.
Quanto à túnica, esta era tecida sem costura,
em peça única de alto a baixo.
²⁴ Disseram então entre si:
"Não vamos dividir a túnica.
Tiremos a sorte para ver de quem será".

Assim se cumpria a Escritura que diz:
"Repartiram entre si as minhas vestes
e lançaram sorte sobre a minha túnica".
Assim procederam os soldados.
²⁵ Perto da cruz de Jesus, estavam de pé
a sua mãe, a irmã da sua mãe, Maria de Cléofas,
e Maria Madalena.
²⁶ Jesus, ao ver sua mãe
e, ao lado dela, o discípulo que ele amava,
disse à mãe: "Mulher, este é o teu filho".
²⁷ Depois disse ao discípulo: "Esta é a tua mãe".
Daquela hora em diante,
o discípulo a acolheu consigo.
²⁸ Depois disso, Jesus,
sabendo que tudo estava consumado,
e para que a Escritura se cumprisse até o fim,
disse:
"Tenho sede".
²⁹ Havia ali uma jarra cheia de vinagre.
Amarraram numa vara uma esponja embebida
de vinagre
e levaram-na à boca de Jesus.
³⁰ Ele tomou o vinagre
e disse:
"Tudo está consumado".
E, inclinando a cabeça, entregou o espírito.
³¹ Era o dia da preparação para a Páscoa.

Os judeus queriam evitar
que os corpos ficassem na cruz durante o sábado,
porque aquele sábado era dia de festa solene.
Então pediram a Pilatos
que mandasse quebrar as pernas aos crucificados
e os tirasse da cruz.
³² Os soldados foram
e quebraram as pernas de um e depois do outro
que foram crucificados com Jesus.
³³ Ao se aproximarem de Jesus,
e vendo que já estava morto,
não lhe quebraram as pernas;
³⁴ mas um soldado abriu-lhe o lado com uma lança,
e logo saiu sangue e água.
³⁵ Aquele que viu, dá testemunho
e seu testemunho é verdadeiro;
e ele sabe que fala a verdade,
para que vós também acrediteis.
³⁶ Isso aconteceu para que se cumprisse a Escritura,
que diz:
"Não quebrarão nenhum dos seus ossos".
³⁷ E outra Escritura ainda diz:
"Olharão para aquele que traspassaram".
Palavra da Salvação.

201.   Jo 20,19-23

Recebei o Espírito Santo. A quem perdoardes os pecados, eles lhes serão perdoados.

☩ Proclamação do Evangelho de Jesus Cristo segundo João

¹⁹ Ao anoitecer daquele dia, o primeiro da semana,
estando fechadas, por medo dos judeus,
as portas do lugar onde os discípulos
se encontravam, Jesus entrou e,
pondo-se no meio deles, disse:
"A paz esteja convosco".
²⁰ Depois destas palavras, mostrou-lhes
as mãos e o lado. Então os discípulos
se alegraram por verem o Senhor.
²¹ Novamente, Jesus disse:
"A paz esteja convosco.
Como o Pai me enviou, também eu vos envio".
²² E depois de ter dito isto, soprou sobre eles e disse:
"Recebei o Espírito Santo.
²³ A quem perdoardes os pecados, eles
lhes serão perdoados; a quem os
não perdoardes, eles lhes serão retidos".
Palavra da Salvação.

Receber o Espírito Santo: a quem perdoardes
os pecados, eles lhes serão perdoados.

✠ Proclamação do Evangelho de Jesus Cristo
segundo João.

¹⁹ Ao anoitecer daquele dia, o primeiro da semana,
estando fechadas, por medo dos judeus,
as portas do lugar onde os discípulos
se encontravam, Jesus entrou e,
pondo-se no meio deles, disse:
"A paz esteja convosco".
²⁰ Depois destas palavras, mostrou-lhes
as mãos, e o lado. Então os discípulos
se alegraram por verem o Senhor.
²¹ Novamente, Jesus disse:
"A paz esteja convosco.
Como o Pai me enviou, também eu vos envio".
²² E depois de ter dito isto, soprou sobre eles e
disse:
"Recebei o Espírito Santo.
²³ A quem perdoardes os pecados, eles
lhes serão perdoados; a quem os
não perdoardes, eles lhes serão retidos.
Palavra da Salvação.

APÊNDICES

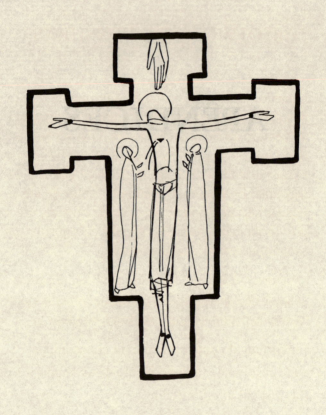

Apêndice I

ABSOLVIÇÃO DE CENSURAS

1. Quando o sacerdote, segundo a norma do direito, absolve em foro sacramental a um penitente devidamente disposto de uma censura 'latae sententiae', não é preciso mudar a fórmula da absolvição, mas basta que tenha a intenção de absolver, também das censuras. Entretanto, o confessor, antes de absolver dos pecados, poderá absolver da censura, usando a fórmula proposta em seguida, para absolvição fora do sacramento da penitência.

2. Quando o sacerdote, segundo a norma do direito, absolve da censura algum penitente, fora do sacramento da penitência, utiliza esta fórmula:

   Em virtude do poder que me foi concedido,
   eu te absolvo de todo o vínculo de excomunhão
   (ou suspensão ou interdito).
   Em nome do Pai, e do Filho, ✠ e do Espírito Santo.

   O penitente responde:
   Amém.

DISPENSA DE IRREGULARIDADE

3. Se o penitente se acha impedido por alguma irregularidade, o sacerdote, ao dispensá-lo da mesma, conforme o direito, seja na confissão após a absolvição, seja fora do sacramento da penitência, diz:

Em virtude do poder que me foi concedido,
eu te dispenso da irregularidade na qual incorreste.
Em nome do Pai, e do Filho, ✠ e do Espírito Santo.

O penitente responde:
Amém.

Apêndice II

EXEMPLOS DE CELEBRAÇÕES PENITENCIAIS

Este apêndice, elaborado pela Sagrada Congregação para o Culto Divino, destina-se àqueles que estão encarregados de preparar ou compor as celebrações penitenciais.

PREPARAÇÃO DAS CELEBRAÇÕES PENITENCIAIS

1. As celebrações penitenciais de que se fala no Ritual da penitência (nn. 36-37), são de grande proveito, tanto para a vida dos indivíduos como da comunidade. Servem para alimentar o espírito e a virtude da penitência, e preparar uma celebração mais proveitosa do sacramento. Deve-se evitar que os fiéis confundam estas celebrações com a confissão e a absolvição sacramentais[1].

---

[1] Cf. S. Congr. da Doutrina da Fé: *Normas pastorais sobre a absolvição sacramental, concedida de modo geral*, 16 de junho de 1972, n. 4 X: AAS 64 (1972), p. 513.

2. As celebrações penitenciais, sobretudo quando se destinam a determinados grupos e circunstâncias, devem considerar atentamente as condições de vida, o modo de falar e a compreensão dos participantes. Por isso, cabe às Comissões de Liturgia[2] e às respectivas comunidades preparar estas celebrações, de modo que para cada grupo e circunstância sejam escolhidos os textos mais apropriados e esquema mais conveniente.

3. Para ajudá-las nesta tarefa, propõem-se a seguir celebrações penitenciais de vários tipos, que são apenas sugestões e devem ser adaptadas às condições de cada comunidade.

4. Nestas celebrações, realiza-se às vezes o sacramento da penitência; nesse caso, depois das leituras e da homilia usar-se-á o "Rito para reconciliação de vários penitentes com confissão e absolvição individuais (nn. 54-59) ou, em casos particulares, previstos pelo direito, o "Rito para reconciliação de vários penitentes com confissão e absolvição geral" (nn. 60-63).

---

[2] Cf. S. Congr. dos Ritos, Instr. *Inter Oecumenici*, 26 de setembro de 1964, n. 39: AAS 56 (1964), p. 110.

I. CELEBRAÇÕES PENITENCIAIS DURANTE A QUARESMA

5. A Quaresma é o principal tempo de penitência, tanto para os indivíduos como para toda a Igreja. Convém, por conseguinte, preparar a comunidade cristã para este tempo, por meio de celebrações penitenciais, para que participe mais plenamente do Mistério Pascal[3].

6. Leve-se em conta a índole penitencial da liturgia da palavra nas Missas propostas para o tempo da Quaresma. Nas celebrações penitenciais do tempo da Quaresma podem usar-se os textos das leituras da Missa e do Missal Romano.

7. Propõem-se aqui dois esquemas de celebração penitencial adequados ao tempo da Quaresma. O primeiro trata da penitência enquanto tende ao robustecimento ou à recuperação da graça batismal; o segundo apresenta a penitência como preparação para participar mais plenamente do Mistério Pascal de Cristo e da Igreja.

---

[3] Cf. Conc. Vat. II, Const. *Sacrosanctum Concilium*, n. 109; Paulo VI, Const. Apost. *Poenitemini*, 17 de fevereiro de 1966, n. IX: AAS 58 (1966), p. 185.

Primeiro esquema

A PENITÊNCIA PARA ROBUSTECER OU RECUPERAR A GRAÇA DO BATISMO

8. a) Depois de um canto apropriado e da saudação do ministro, sejam os fiéis orientados a respeito do sentido desta celebração que prepara a comunidade cristã para recordar, na Vigília Pascal, a graça do Batismo, e alcançar uma vida nova com Cristo mediante a libertação dos pecados.

9. b) ORAÇÃO

Oremos, irmãos e irmãs,
para que sejamos renovados pela penitência
na graça do Batismo,
que nossos pecados nos fizeram esquecer.
Ajoelhemo-nos (ou: Inclinai a cabeça diante de Deus).

E todos oram por alguns momentos em silêncio.

Levantemo-nos.

Guardai, Senhor, com vossa clemência,
aqueles que purificastes
para que, tendo sido redimidos por vossa cruz,
se alegrem com vossa ressurreição.
Vós que viveis e reinais para sempre.

R. Amém.

10. c) **LEITURAS**

Como os Israelitas, depois da passagem do mar Vermelho, se esqueceram das maravilhas realizadas por Deus, assim também, os membros do novo povo de Deus, depois da graça do Batismo, com freqüência, tornam a cair em pecado.

1Cor 10,1-13

Leitura da Primeira Carta de São Paulo aos Coríntios

¹ Irmãos, não quero que ignoreis o seguinte:
Os nossos pais estiveram todos
debaixo da nuvem e todos passaram pelo mar;
² todos foram batizados em Moisés,
sob a nuvem e pelo mar;
³ e todos comeram do mesmo alimento espiritual,
⁴ e todos beberam da mesma bebida espiritual;
de fato, bebiam de um rochedo espiritual
que os acompanhava

– e esse rochedo era Cristo –
⁵ No entanto, a maior parte deles
desagradou a Deus,
pois morreram e ficaram no deserto.
⁶ Esses fatos aconteceram
para serem exemplos para nós,
a fim de que não desejemos coisas más,
como fizeram aqueles no deserto,
⁷ nem vos torneis idólatras como alguns deles,
segundo está escrito:
Sentou-se o povo para comer e beber,
e levantaram-se para dançar.
⁸ Nem nos entreguemos à prostituição,
como alguns deles se entregaram,
caindo vinte e três mil num só dia.
⁹ Nem tentemos o Senhor,
como alguns deles tentaram,
e pereceram pelas serpentes.
¹⁰ Não murmureis, como alguns deles murmuraram,
e, por isso, foram mortos
pelo anjo exterminador.
¹¹ Estas coisas lhes aconteciam
para servir de exemplo
e foram escritas para nos admoestar e instruir,
a nós que já chegamos ao fim dos tempos.
¹² Portanto, quem julga estar de pé
tome cuidado para não cair.

¹³ Não vos sobreveio tentação que não fosse
humana, e fiel é Deus,
que não permitirá sejais tentados acima de
vossas forças;
antes preparará, com a tentação,
os meios para que possais resistir-lhe.
Palavra do Senhor.

Sl 105,6-10.13-14.19-22 (R. 6)

A bondade do Senhor e a infidelidade do povo

R. Pecamos como outrora nossos **pais**,
praticamos a maldade e fomos ímpios.

– ⁶ Pecamos como outrora nossos **pais**, *
praticamos a maldade e fomos ímpios;
– ⁷ no Egito nossos pais não se importaram *
com os **vos**sos admiráveis grandes feitos.   R.

– Logo esqueceram vosso amor prodigioso *
e provocaram o Senhor no mar Vermelho;
– ⁸ mas sal**vou**-os pela honra de seu nome, *
para **dar** a conhecer o seu poder.   R.

– ⁹ Ameaçou o mar Vermelho e ele secou, *
 entre as **on**das os guiou como em deserto;
– ¹⁰ dos **seus** perseguidores os salvou, *
 e do po**der** do inimigo os libertou.   R.

– ¹³ Mas bem de**pres**sa esqueceram suas obras, *
 não confiaram nos projetos do Senhor.
– ¹⁴ No de**ser**to deram largas à cobiça, *
 na soli**dão** eles tentaram o Senhor.   R.

– ¹⁹ Construíram um bezerro no Horeb *
 e ado**ra**ram uma estátua de metal;
– ²⁰ eles tro**ca**ram o seu Deus, que é sua glória, *
 pela i**ma**gem de um boi que come feno.   R.

– ²¹ Esque**ce**ram-se do Deus que os salvara, *
 que fi**ze**ra maravilhas no Egito;
– ²² no país de **Cam** fez tantas obras admiráveis, *
 no mar Ver**me**lho, tantas coisas assombrosas.   R.

O filho que abandona seu pai e sua casa é recebido de novo com amor pelo pai; a ovelha que se extraviou do redil, é procurada com solicitude, pelo pastor. Assim também, quando pecamos depois da graça do Batismo, Deus vem em nossa procura, e acolhe com amor todos os que voltam a ele, em meio ao júbilo de toda a Igreja.

Lc 15,4-7

☩ Proclamação do Evangelho de Jesus Cristo
segundo Lucas

Naquele tempo, disse Jesus esta parábola:
⁴ "Se um de vós tem cem ovelhas e perde uma,
não deixa as noventa e nove no deserto,
e vai atrás daquela que se perdeu,
até encontrá-la?
⁵ Quando a encontra,
coloca-a nos ombros com alegria,
⁶ e, chegando a casa,
reúne os amigos e vizinhos,
e diz:
'Alegrai-vos comigo!
Encontrei a minha ovelha que estava perdida!'
⁷ Eu vos digo:
Assim haverá no céu mais alegria
por um só pecador que se converte,
do que por noventa e nove justos
que não precisam de conversão".
Palavra da Salvação.

Ou:

Lc 15,11-32

✠ Proclamação do Evangelho de Jesus Cristo segundo Lucas

Naquele tempo, contou Jesus esta parábola, dizendo:
[11] "Um homem tinha dois filhos.
[12] O filho mais novo disse ao pai:
'Pai, dá-me a parte da herança que me cabe'.
E o pai dividiu os bens entre eles.
[13] Poucos dias depois,
o filho mais novo juntou o que era seu
e partiu para um lugar distante.
E ali esbanjou tudo numa vida desenfreada.
[14] Quando tinha gasto tudo o que possuía,
houve uma grande fome naquela região,
e ele começou a passar necessidade.
[15] Então foi pedir trabalho a um homem do lugar,
que o mandou para seu campo cuidar dos porcos.
[16] O rapaz queria matar a fome
com a comida que os porcos comiam,
mas nem isto lhe davam.
[17] Então caiu em si e disse:
'Quantos empregados do meu pai têm pão com fartura, e eu aqui, morrendo de fome.

¹⁸ Vou-me embora, vou voltar para meu pai e
   dizer-lhe:
   'Pai, pequei contra Deus e contra ti;
¹⁹ já não mereço ser chamado teu filho.
   Trata-me como a um dos teus empregados'.
²⁰ Então ele partiu e voltou para seu pai.
   Quando ainda estava longe, seu pai o avistou
   e sentiu compaixão.
   Correu-lhe ao encontro, abraçou-o,
   e cobriu-o de beijos.
²¹ O filho, então, lhe disse:
   'Pai, pequei contra Deus e contra ti.
   Já não mereço ser chamado teu filho'.
²² Mas o pai disse aos empregados:
   'Trazei depressa a melhor túnica
   para vestir meu filho.
   E colocai um anel no seu dedo
   e sandálias nos pés.
²³ Trazei um novilho gordo e matai-o.
   Vamos fazer um banquete.
²⁴ Porque este meu filho estava morto
   e tornou a viver;
   estava perdido e foi encontrado'.
   E começaram a festa.
²⁵ O filho mais velho estava no campo.
   Ao voltar, já perto de casa,
   ouviu música e barulho de dança.

²⁶ Então chamou um dos criados
e perguntou o que estava acontecendo.
²⁷ O criado respondeu:
'É teu irmão que voltou.
Teu pai matou o novilho gordo,
porque o recuperou com saúde'.
²⁸ Mas ele ficou com raiva e não queria entrar.
O pai, saindo, insistia com ele.
²⁹ Ele, porém, respondeu ao pai:
'Eu trabalho para ti há tantos anos,
jamais desobedeci a qualquer ordem tua.
E tu nunca me deste um cabrito
para eu festejar com meus amigos.
³⁰ Quando chegou esse teu filho,
que esbanjou teus bens com prostitutas,
matas para ele o novilho cevado'.
³¹ Então o pai lhe disse:
'Filho, tu estás sempre comigo,
e tudo o que é meu é teu.
³² Mas era preciso festejar e alegrar-nos,
porque este teu irmão estava morto e tornou a viver;
estava perdido, e foi encontrado' ".
Palavra da Salvação.

11. d) HOMILIA

Nela se pode tratar:

- da necessidade de desenvolver a graça do Batismo pela fidelidade da vida ao Evangelho de Cristo (cf. 1Cor 10,1-13);
- da gravidade do pecado cometido depois do Batismo (cf. Hb 6,4-8);
- da misericórdia infinita de nosso Pai e Deus, que nos recebe todas as vezes que voltamos a ele depois de nosso pecado (cf. Lc 15);
- da Páscoa, como festa da Igreja que se alegra pela iniciação cristã dos catecúmenos e pela reconciliação dos penitentes.

12. e) EXAME DE CONSCIÊNCIA

Depois da homilia faz-se o exame de consciência, podendo-se usar o texto que se acha no Apêndice III (p. 476). Haverá sempre um momento de silêncio, para que cada um possa examinar-se de maneira mais pessoal. Devem-se considerar especialmente neste exame os compromissos do batismo que se renovam na Vigília Pascal.

13. f) ATO PENITENCIAL

O diácono (ou, em sua ausência, outro ministro) dirige-se aos presentes:

É chegado, irmãos e irmãs, o tempo da graça,
o dia do perdão de Deus e da salvação do ser humano,
no qual a morte foi vencida
e teve início a vida eterna,
quando na vinha do Senhor,
enquanto se faz a plantação dos novos ramos,
podam-se os antigos para que dêem mais frutos.
Eis que cada um de nós se reconhece pecador
e, enquanto é levado à penitência pelo exemplo
e a oração dos irmãos e das irmãs,
afirma publicamente:
"Reconheço, Senhor, as minhas faltas
e tenho sempre presente o meu pecado.
Afastai os vossos olhos do meu pecado,
apagai em mim toda a culpa.
Devolvei-me a alegria da vossa salvação,
confirmai-me no vosso espírito".
Que a misericórdia do Senhor venha em nosso auxílio,
pois lhe dirigimos nossas súplicas,
e lhe pedimos perdão de coração contrito,

para que, entristecidos pelas nassas falhas,
possamos de agora em diante agradar ao Senhor
na região dos vivos,
com Cristo ressuscitado, autor de nossa vida.

O sacerdote asperge os presentes com água benta, enquanto todos cantam ou dizem:
Aspergi-me, Senhor, e serei purificado;
lavai-me, e serei mais branco do que a neve.

O sacerdote reza a oração:
Ó Deus, que criastes com amor o gênero humano
e em vossa misericórdia o restaurastes,
redimistes com o sangue de vosso Filho único
o ser humano, por inveja de satanás despojado
da eternidade feliz.
Dai vida pelo Espírito Santo,
aos que não desejais que pereçam;
vós, que não os abandonais quando se extraviam,
acolhei-os quando se arrependem.
Deixai-vos mover, Senhor,
pela humilde confissão dos vossos filhos e filhas.
Curai suas feridas.

Estendei vossa mão salvadora
aos que jazem prostrados,
para que a Igreja não seja mutilada em seu corpo,
vosso rebanho não sofra nenhuma perda,
o inimigo não se alegre
com o dano causado à vossa família,
e a morte eterna não se apodere
dos que, no Batismo de Salvação,
renasceram para a vida.
A vós, Senhor, as nossas súplicas,
a vós as lágrimas do coração.
Perdoai aqueles que se reconhecem culpados,
para que, afastados do erro,
e retomando o caminho da justiça,
jamais sejam feridos pelo pecado,
mas conservem para sempre
o que receberam pela vossa graça
e reconquistaram por vossa misericórdia.
Por Cristo, nosso Senhor.

R. Amém.

A celebração termina com um canto apropriado e a despedida do povo.

Segundo esquema

A PENITÊNCIA COMO PREPARAÇÃO PARA PARTICIPAR MAIS PLENAMENTE DO MISTÉRIO PASCAL DE CRISTO PELA SALVAÇÃO DO MUNDO

14. a) Depois de um canto apropriado e da saudação do ministro, sejam os fiéis esclarecidos de que são solidários tanto no pecado como na penitência, de modo que cada um se considere chamado a converter-se, a fim de contribuir para a santificação de toda a comunidade.

15. b) ORAÇÃO

Oremos, irmãos, para que nos unamos
pela penitência a Cristo que foi crucificado
por nossos pecados, e mereçamos
com a humanidade inteira
participar de sua ressurreição.

Ajoelhemo-nos (ou: Inclinai a cabeça diante de Deus).

E todos, por alguns momentos, oram em silêncio.

Levantemo-nos.

Senhor Deus e Pai nosso,
que nos destes a vida pela paixão do vosso Filho,
dai-nos, associados à sua morte pela penitência,
participar com todos
de sua ressurreição gloriosa.
Por Cristo, nosso Senhor.
R. Amém,

Ou:

Concedei-nos, Pai onipotente e misericordioso,
movidos e fortalecidos pelo vosso Espírito,
trazer sempre em nosso corpo a morte de Jesus,
a fim de que também a sua vida
se manifeste em nós.
Por Cristo, nosso Senhor.
R. Amém.

16. c) LEITURAS

O Servo do Senhor, qual manso cordeiro, toma sobre si os pecados do povo, para curá-lo com suas chagas. Assim os discípulos de Cristo podem, pela penitência, reparar os pecados do mundo inteiro.

Is 53,1-7.10-12
Leitura do Livro do Profeta Isaías

¹ "Quem de nós deu crédito ao que ouvimos?
E a quem foi dado reconhecer
a força do Senhor?
² Diante do Senhor ele cresceu
como renovo de planta
ou como raiz em terra seca.
Não tinha beleza nem atrativo para o olharmos,
não tinha aparência que nos agradasse.
³ Era desprezado como o último dos mortais,
homem coberto de dores, cheio de sofrimentos;
passando por ele, tapávamos o rosto;
tão desprezível era, não fazíamos caso dele.
⁴ A verdade é que ele tomava
sobre si nossas enfermidades

e sofria, ele mesmo, nossas dores;
e nós pensávamos fosse um chagado,
golpeado por Deus e humilhado!
⁵ Mas ele foi ferido por causa de nossos pecados,
esmagado por causa de nossos crimes;
a punição a ele imposta era o preço da nossa paz,
e suas feridas, o preço da nossa cura.
⁶ Todos nós vagávamos como ovelhas
desgarradas, cada qual seguindo seu caminho;
e o Senhor fez recair sobre ele
o pecado de todos nós".
⁷ Foi maltratado, e submeteu-se, não abriu a boca;
como cordeiro levado ao matadouro
ou como ovelha diante dos que a tosquiam,
ele não abriu a boca.
¹⁰ O Senhor quis macerá-lo com sofrimentos.
Oferecendo sua vida em expiação,
ele terá descendência duradoura,
e fará cumprir com êxito a vontade do Senhor.
¹¹ Por esta vida de sofrimento,
alcançará luz e uma ciência perfeita.
Meu Servo, o justo, fará justos inúmeros homens,
carregando sobre si suas culpas.
¹² Por isso, compartilharei com ele multidões
e ele repartirá suas riquezas com os valentes
seguidores, pois entregou o corpo à morte,
sendo contado como um malfeitor;

ele, na verdade, resgatava o pecado de todos
e intercedia em favor dos pecadores.
Palavra do Senhor.

O Senhor atende a oração de Cristo, que morre na Cruz por nossos pecados, e sua morte se torna vida para o mundo inteiro. Também a penitência, pela qual morremos para os nossos pecados, renova a vida da Igreja e do mundo.

Sl 21(22), 2-3.7-8.18-28 (R. 2a.20b):
Aflição do justo e sua libertação

R. Meu **Deus**, meu Deus, por **que** me abando**nas**tes?
  Ó minha **for**ça, vinde logo em meu socorro!

— ² Meu **Deus**, meu Deus,
  por **que** me abando**nas**tes? *
  E ficais **lon**ge de meu grito e minha prece?
— ³ Ó meu **Deus**, clamo de dia e não me ouvis, *
  clamo de **noi**te e para mim não há resposta!   R.

— ⁷ Quanto a **mim**, eu sou um verme
    e não um homem; *
    sou o o**pró**brio e o desprezo das nações.
— ⁸ Riem de **mim** todos aqueles que me vêem, *
    torcem os **lá**bios e sacodem a cabeça:
— ⁹ "Ao Se**nhor** se confiou, ele o liberte *
    e agora o **sal**ve, se é verdade que ele o ama!" R.

—   Transpass**a**ram minhas mãos e os meus pés *
  ¹⁸ e eu **pos**so contar todos os meus ossos.
=   Eis que me **o**lham e, ao ver-me, se deleitam! †
  ¹⁹ Eles re**par**tem entre si as minhas vestes *
    e sor**tei**am entre si a minha túnica.   R.

— ²⁰ Vós, po**rém**, ó meu Senhor, não fiqueis longe, *
    ó minha **for**ça, vinde logo em meu socorro!
— ²¹ Da es**pa**da libertai a minha alma, *
    e das **gar**ras desses cães, a minha vida!   R.

— ²² Arran**cai**-me da goela do leão, *
    e a mim tão **po**bre, desses touros que me atacam!
— ²³ Anuncia**rei** o vosso nome a meus irmãos *
    e no **mei**o da assembléia hei de louvar-vos!   R.

= ²⁴ Vós que te**meis** ao Senhor Deus, dai-lhe louvores;†
    glorifi**cai**-o, descendentes de Jacó, *
    e respei**tai**-o toda a raça de Israel!   R.

– ²⁵ Porque **Deus** não desprezou nem rejeitou *
a mi**sé**ria do que sofre sem amparo;
– ²⁴ não desvi**ou** do humilhado a sua face, *
mas o ou**viu** quando gritava por socorro.   R.

– ²⁶ Sois meu lou**vor** em meio à grande assembléia;*
cumpro meus **vo**tos ante aqueles que vos temem!
= ²⁷ Vossos **po**bres vão comer e saciar-se, †
e os que pro**cu**ram o Senhor o louvarão: *
"Seus cora**ções** tenham a vida para sempre!"   R.

– ²⁸ Lembrem-se **dis**so os confins de toda a terra, *
para que **vol**tem ao Senhor e se convertam,
– e se **pros**trem, adorando, diante dele, *
todos os **po**vos e as famílias das nações.   R.

1Pd 2,20b-25

Leitura da Primeira Carta de São Pedro

Irmãos bem-amados:
²⁰ᵇ Se suportais com paciência
aquilo que sofreis por ter feito o bem,
isto vos torna agradáveis diante de Deus.
²¹ De fato, para isto fostes chamados.
Também Cristo sofreu por vós
deixando-vos um exemplo,
a fim de que sigais os seus passos.

²² Ele não cometeu pecado algum,
mentira nenhuma foi encontrada em sua boca.
²³ Quando injuriado, não retribuía as injúrias;
atormentado, não ameaçava;
antes, colocava a sua causa nas mãos daquele
que julga com justiça.
²⁴ Sobre a cruz, carregou nossos pecados
em seu próprio corpo,
a fim de que, mortos para os pecados,
vivamos para a justiça.
Por suas feridas fostes curados.
²⁵ Andáveis como ovelhas desgarradas,
mas agora voltastes
ao pastor e guarda de vossas vidas.
Palavra do Senhor.

Versículo antes do Evangelho
Glória a **vós**, ó Se**nhor**,
en**tre**gue por **nos**sos pe**ca**dos
e por **nos**sa salva**ção** ressusci**ta**do.
Glória a **vós**, ó Se**nhor.**

Ou outro canto apropriado.
*Jesus exorta os discípulos a seguirem seu exemplo,
servindo a seus irmãos
e dando a vida por eles.*

Mc 10,32-45 (mais longo)

✠ Proclamação do Evangelho de Jesus Cristo segundo Marcos

Naquele tempo,
³² Jesus e os discípulos estavam a caminho
subindo para Jerusalém.
Jesus ia na frente.
Os discípulos estavam espantados,
e aqueles que iam atrás estavam com medo.
Jesus chamou de novo os Doze à parte
e começou a dizer-lhes
o que estava para acontecer com ele:
³³ "Eis que estamos subindo para Jerusalém,
e o Filho do Homem vai ser entregue
aos sumos sacerdotes e aos doutores da Lei.
Eles o condenarão à morte
e o entregarão aos pagãos.
³⁴ Vão zombar dele, cuspir nele,
vão torturá-lo e matá-lo.
E depois de três dias ele ressuscitará".
³⁵ Tiago e João, filhos de Zebedeu,
foram a Jesus e lhe disseram:
"Mestre,
queremos que faças por nós
o que vamos pedir".

³⁶ Ele perguntou:
"O que quereis que eu vos faça?"
³⁷ Eles responderam:
"Deixa-nos sentar um à tua direita
e outro à tua esquerda,
quando estiveres na tua glória!"
³⁸ Jesus então lhes disse:
"Vós não sabeis o que pedis.
Por acaso podeis beber o cálice
que eu vou beber?
Podeis ser batizados com o batismo
com que vou ser batizado?"
³⁹ Eles responderam:
"Podemos".
E ele lhes disse:
"Vós bebereis o cálice que eu devo beber,
e sereis batizados com o batismo
com que eu devo ser batizado.
⁴⁰ Mas não depende de mim conceder
o lugar à minha direita ou à minha esquerda.
É para aqueles a quem foi reservado".
⁴¹ Quando os outros dez discípulos ouviram isso,
indignaram-se com Tiago e João.
⁴² Jesus os chamou e disse:
"Vós sabeis que os chefes das nações as oprimem
e os grandes as tiranizam.
⁴³ Mas, entre vós, não deve ser assim:

quem quiser ser grande, seja vosso servo;
⁴⁴ e quem quiser ser o primeiro,
seja o escravo de todos.
⁴⁵ Porque o Filho do Homem não veio para ser
servido, mas para servir
e dar a sua vida como resgate para muitos".
Palavra da Salvação.

Mc 10,32-34.42-45 (mais breve)

☩ Proclamação do Evangelho de Jesus Cristo
segundo Marcos

Naquele tempo,
³² Jesus e os discípulos estavam a caminho
subindo para Jerusalém.
Jesus ia na frente.
Os discípulos estavam espantados,
e aqueles que iam atrás estavam com medo.
Jesus chamou de novo os Doze à parte
e começou a dizer-lhes
o que estava para acontecer com ele:
³³ "Eis que estamos subindo para Jerusalém,
e o Filho do Homem vai ser entregue
aos sumos sacerdotes e aos doutores da Lei.

Eles o condenarão à morte
e o entregarão aos pagãos.
³⁴ Vão zombar dele, cuspir nele,
vão torturá-lo e matá-lo.
E depois de três dias ele ressuscitará".
⁴² Jesus os chamou e disse:
"Vós sabeis que os chefes das nações as oprimem
e os grandes as tiranizam.
⁴³ Mas, entre vós, não deve ser assim:
quem quiser ser grande, seja vosso servo;
⁴⁴ e quem quiser ser o primeiro,
seja o escravo de todos.
⁴⁵ Porque o Filho do Homem
não veio para ser servido,
mas para servir
e dar a sua vida como resgate para muitos".
Palavra da Salvação.

---

17. d) HOMILIA

Nela se pode tratar:

– do pecado, pelo qual ofendemos a Deus e também ao Corpo de Cristo, que é a Igreja, de que o Batismo nos tornou membros;

- do pecado como falta de amor a Cristo, que em seu mistério pascal nos amou até o fim;
- de nossa solidariedade no bem e no mal;
- do mistério do sacrifício de Cristo que se ofereceu em nosso lugar, assumindo nossos pecados, para nos curar por suas chagas (cf. Is 53; 1Pd 2,24);
- do aspecto social e eclesial da penitência, pela qual os indivíduos contribuem para a conversão de toda a comunidade;
- da celebração da Páscoa como festa da comunidade cristã que se renova pela conversão ou penitência de cada um de seus membros, para ser nomundo um sinal mais claro de salvação.

18. e) EXAME DE CONSCIÊNCIA

Depois da homilia faz-se o exame de consciência, podendo-se usar o texto que se acha no Apêndice III (p. 476). Haverá sempre um momento de silêncio para que cada um possa examinar-se de maneira mais pessoal.

19. f) ATO PENITENCIAL

Depois do exame de consciência, todos dizem ao mesmo tempo:

Confesso a Deus todo-poderoso
e a vós, irmãos e irmãs,
que pequei muitas vezes
por pensamentos e palavras,
atos e omissões,

e, batendo no peito, dizem:

por minha culpa, minha tão grande culpa.

Em seguida continuam:

E peço à Virgem Maria,
aos anjos e santos
e a vós, irmãos e irmãs,
que rogueis por mim a Deus, nosso Senhor.

Como sinal de conversão e amor ao próximo, proponha-se algo para ajudar os pobres, a fim de que possam celebrar com alegria a festa da Páscoa, ou proponha-se uma visita aos enfermos, a reparação de alguma injustiça na comunidade etc. Por fim, pode-se cantar ou rezar o *Pai-nosso*, que o sacerdote conclui:

Livrai-nos de todos os males, ó Pai,
e pela santa paixão de vosso Filho,
à qual nos unimos pela penitência,
fazei-nos participar com alegria
de sua ressurreição gloriosa.
Por Cristo, nosso Senhor.

R. Amém.

Onde as circunstâncias aconselharem, depois do *"Confesso a Deus..."*, pode-se realizar também algum exercício piedoso, como a adoração da Cruz ou a Via-Sacra, segundo o costume do lugar e o desejo dos fiéis.

Depois de um canto apropriado, despede-se o povo com uma saudação ou bênção.

II. CELEBRAÇÃO PENITENCIAL NO TEMPO DO ADVENTO

20. a) Depois de um canto e saudação, sejam os fiéis brevemente instruídos sobre o sentido da celebração, com estas palavras ou outras semelhantes:

Irmãos e irmãs, o tempo do Advento nos prepara para celebrar o mistério da Encarnação do Senhor, que foi o começo de nossa salvação; mas também nos convida a esperar a segunda vinda de Cristo, que completará a história da salvação. Porém, como já na hora da nossa morte Cristo vem a cada um de nós, é preciso que nos encontre preparados segundo as palavras do Evangelho: "Bem-aventurados os servos que o Senhor, quando vier, encontrar vigiando" (Lc 12,37)

Que esta celebração penitencial nos torne mais puros e nos prepare melhor para esse advento do Senhor, que celebraremos nos sagrados mistérios.

Ou:

Irmãos e irmãs, já é hora de despertar do sono. A nossa salvação está agora mais perto do que quando abraçamos a fé. Passou a noite, e o dia se aproxima. Rejeitemos as obras das trevas, cingindo as armas da luz (Rm 13,11-12).

21. b) ORAÇÃO

Oremos, irmãos e irmãs,
para que a vinda do Senhor,
cujo mistério vamos celebrar
nas próximas festividades,
nos encontre preparados e vigilantes.

Todos, por alguns momentos, oram em silêncio.

Deus, criador do universo,
nós vos pedimos perdão de nossas culpas,
para que, aguardando a chegada
do nosso Redentor,
alcancemos a remissão dos pecados.
Por Cristo, nosso Senhor.

R. Amém.

Ou:

Excelso Filho de Deus,
criador e salvador do gênero humano,
apressai-vos em nascer da Virgem sem mácula,
para a redenção do mundo.
E que a mesma graça, pela qual vos tornastes
semelhante a nós em tudo, exceto no pecado,
venha nos libertar das nossas faltas.
Vós que viveis e reinais para sempre.

R. Amém.

22. c) LEITURAS

A vinda do Senhor traz consigo o julgamento. Mas nós é que escolhemos agora, pelas nossas obras, o prêmio ou o castigo. Quando o Senhor aparecer, será manifesta a nossa escolha. A penitência constitui um momento de escolha e decisão.

Ml 3,1-7a

Leitura da Profecia de Malaquias.

Assim fala o Senhor Deus:
¹ Eis que envio meu anjo,
e ele há de preparar o caminho para mim;
logo chegará ao seu templo o Dominador,
que tentais encontrar,
e o anjo da aliança, que desejais.
Ei-lo que vem, diz o Senhor dos exércitos;
² e quem poderá fazer-lhe frente,
no dia de sua chegada?
E quem poderá resistir-lhe, quando ele aparecer?
Ele é como o fogo da forja
e como a barrela dos lavadeiros;
³ e estará a postos,
como para fazer derreter e purificar a prata:
assim ele purificará os filhos de Levi
e os refinará como ouro e como prata,

e eles poderão assim
fazer oferendas justas ao Senhor.
⁴ Será então aceitável ao Senhor
a oblação de Judá e de Jerusalém,
como nos primeiros tempos e nos anos antigos.
⁵ Eu me aproximarei de vós para julgar;
serei testemunha contra os praticantes de magia,
os adúlteros, os perjuros,
os que oprimem trabalhadores, viúvas e órfãos,
os que exploram forasteiros,
e os que não me têm temor,
diz o Senhor dos exércitos.
⁶ Pois eu sou o Senhor e não mudei;
mas vós, filhos de Jacó,
ainda não chegastes ao fim.
⁷ Desde o tempo de vossos pais,
vos tendes afastado de meus preceitos e leis,
não os observastes.
Voltai a mim
e eu voltarei a vós,
diz o Senhor dos exércitos.
Palavra do Senhor.

EXEMPLOS DE CELEBRAÇÕES PENITENCIAIS

Deus enviou o seu Filho ao mundo, não para condenar o mundo, mas para salvá-lo. Portanto, a vinda do Senhor, que agora celebramos no mistério da liturgia, é uma vinda de salvação. Realizamos esta celebração penitencial para comemorarmos alegremente o nascimento do Senhor e corrermos ao seu encontro.

Sl 84(85) (R. 8)
A nossa salvação está próxima

R. Mos**trai**-nos, ó Se**nhor**, vossa bon**da**de, conce**dei**-nos também **vos**sa salva**ção**!

— ² Favore**ces**tes, ó Se**nhor**, a vossa **ter**ra, *
  liber**tas**tes os cativos de Jacó.
— ³ Perdo**as**tes o pecado ao vosso povo, *
  enco**bris**tes toda a falta cometida;
— ⁴ reti**ras**tes a ameaça que fizestes, *
  acal**mas**tes o furor de vossa ira.   R.

— ⁵ Reno**vai**-nos, nosso Deus e Salvador, *
  esque**cei** a vossa mágoa contra nós!
— ⁶ Fica**reis** eternamente irritado? *
  Guarda**reis** a vossa ira pelos séculos?   R.

– ⁷ Não vireis restituir a nossa vida, *
para que em **vós** se rejubile o vosso povo?
– ⁸ Mos**trai**-nos, ó Senhor, vossa bondade, *
conce**dei**-nos também vossa salvação! R.

– ⁹ Quero ou**vir** o que o Senhor irá falar: *
é a **paz** que ele vai anunciar;
– a **paz** para o seu povo e seus amigos, *
para os que **vol**tam ao Senhor seu coração.
– ¹⁰ Está **per**to a salvação dos que o temem, *
e a **gló**ria habitará em nossa terra. R.

– ¹¹ A ver**da**de e o amor se encontrarão, *
a jus**ti**ça e a paz se abraçarão;
– ¹² da **ter**ra brotará a fidelidade, *
e a justiça olhará dos altos céus. R.

– ¹³ O Se**nhor** nos dará tudo o que é bom, *
e a nossa **ter**ra nos dará suas colheitas;
– ¹⁴ a jus**ti**ça andará na sua frente *
e a salva**ção** há de seguir os passos seus. R.

O Senhor Jesus, com a sua vinda, nos introduz numa vida nova, num mundo novo. Desde agora a Igreja é o sinal vivo daquela cidade santa que se manifestará no futuro, mas da qual o pecado nos exclui.

Ap 21, 1-12
Leitura do Apocalipse de São João

¹ Eu, João, vi um novo céu e uma nova terra.
Pois o primeiro céu e a primeira terra passaram,
e o mar já não existe.
² Vi a cidade santa, a nova Jerusalém,
que descia do céu, de junto de Deus,
vestida qual esposa enfeitada para o seu marido.
³ Então, ouvi uma voz forte
que saía do trono e dizia:
"Esta é a morada de Deus entre os homens.
Deus vai morar no meio deles.
Eles serão o seu povo,
e o próprio Deus estará com eles.
⁴ Deus enxugará toda lágrima dos seus olhos.
A morte não existirá mais,
e não haverá mais luto nem choro nem dor,
porque passou o que havia antes".
⁵ Aquele que está sentado no trono disse:
"Eis que faço novas todas as coisas".

Depois, ele me disse: "Escreve,
porque estas palavras são dignas
de fé e verdadeiras".
⁶ E disse-me ainda: "Está feito!
Eu sou o Alfa e o Ômega, o Princípio e o Fim.
A quem tiver sede, eu darei, de graça,
da fonte da água viva.
⁷ O vencedor receberá esta herança,
e eu serei seu Deus, e ele será meu Filho".
⁸ Quanto aos covardes, infiéis, corruptos,
assassinos, imorais, feiticeiros,
idólatras e todos os mentirosos,
o lugar deles é o lago ardente de fogo e enxofre,
ou seja, a segunda morte".
⁹ Depois veio até mim um dos sete anjos
das sete taças cheias com as últimas pragas.
Ele falou comigo e disse: "Vem!
Vou mostrar-te a noiva, a esposa do Cordeiro".
¹⁰ Então me levou em espírito
a uma montanha grande e alta.
Mostrou-me a cidade santa, Jerusalém,
descendo do céu, de junto de Deus,
¹¹ brilhando com a glória de Deus.
Seu brilho era como o de uma pedra preciosíssima,
como o brilho de jaspe cristalino.
¹² Estava cercada por uma muralha maciça e alta,
com doze portas.

Sobre as portas estavam doze anjos,
e nas portas estavam escritos os nomes
das doze tribos de Israel.
Palavra do Senhor.

Versículo antes do Evangelho
Eis que venho sem demora e trarei a recompensa.
Vem, Senhor Jesus!

Ou:

O Espírito e a esposa dizem: "Vem"!
E quem escutar diga: "Vem"!
Vem, Senhor Jesus (Ap 22,12.17.20)

Ou outro canto apropriado

Como no tempo de João Batista, a vinda do Senhor é hoje para nós tempo de conversão e penitência, para que, no momento de sua chegada, possamos receber a salvação.

Mt 3,1-12

✠ Proclamação do Evangelho de Jesus Cristo segundo Mateus

¹ Naqueles dias, apareceu João Batista,
   pregando no deserto da Judéia:
² "Convertei-vos,
   porque o Reino dos Céus está próximo".
³ João foi anunciado pelo profeta Isaías, que disse:
   "Esta é a voz daquele que grita no deserto:
   preparai o caminho do Senhor,
   endireitai suas veredas!"
⁴ João usava uma roupa feita de pêlos de camelo
   e um cinturão de couro em torno dos rins;
   comia gafanhotos e mel do campo.
⁵ Os moradores de Jerusalém, de toda a Judéia
   e de todos os lugares em volta do rio Jordão
   vinham ao encontro de João.
⁶ Confessavam os seus pecados
   e João os batizava no rio Jordão.

⁷ Quando viu muitos fariseus e saduceus
vindo para o batismo, João disse-lhes:
"Raça de cobras venenosas, quem vos ensinou
a fugir da ira que vai chegar?
⁸ Produzi frutos que provem a vossa conversão.
⁹ Não penseis que basta dizer:
'Abraão é nosso pai',
porque eu vos digo: até mesmo destas pedras
Deus pode fazer nascer filhos de Abraão.
¹⁰ O machado já está na raiz das árvores,
e toda árvore que não der bom fruto
será cortada e jogada no fogo.
¹¹ Eu vos batizo com água para a conversão,
mas aquele que vem depois de mim
é mais forte do que eu.
Eu nem sou digno de carregar suas sandálias.
Ele vos batizará com o Espírito Santo
e com fogo.
¹² Ele está com a pá na mão;
ele vai limpar sua eira
e recolher seu trigo no celeiro;
mas a palha ele a queimará num fogo
que não se apaga".
Palavra da Salvação.

Ou:
Lc 3,3-17

✠ Proclamação do Evangelho de Jesus Cristo segundo Lucas

Naquele tempo,
³ João Batista percorreu toda a região do Jordão,
pregando um batismo de conversão
para o perdão dos pecados,
⁴ como está escrito no livro das palavras do
profeta Isaías:
"Esta é a voz daquele que grita no deserto:
'preparai o caminho do Senhor,
endireitai suas veredas.
⁵ Todo vale será aterrado,
toda montanha e colina serão rebaixadas;
as passagens tortuosas ficarão retas
e os caminhos acidentados serão aplainados.
⁶ E todas as pessoas verão a salvação de Deus' ".
⁷ Dizia, portanto às multidões,
que vinham para serem batizadas:
"Raça de víboras,
quem vos ensinou a fugir à ira vindoura?
⁸ Fazei, pois, dignos frutos de conversão
e não andeis a vos dizer a vós mesmos:
'Temos Abraão por pai'.

Pois eu vos digo:
Deus pode tirar destas pedras filhos de Abraão.
⁹ O machado já está sobre a raiz das árvores;
toda árvore, que não der fruto bom,
será cortada e lançada ao fogo".
¹⁰ As multidões perguntavam a João:
"Que devemos fazer?"
¹¹ João respondia:
"Quem tiver duas túnicas, dê uma a quem não tem;
e quem tiver comida, faça o mesmo!"
¹² Foram também para o batismo cobradores de impostos,
e perguntaram a João:
"Mestre, que devemos fazer?"
¹³ João respondeu:
"Não cobreis mais do que foi estabelecido".
¹⁴ Havia também soldados que perguntavam:
"E nós, que devemos fazer?"
João respondia:
"Não tomeis à força dinheiro de ninguém,
nem façais falsas acusações;
ficai satisfeitos com o vosso salário!"
¹⁵ O povo estava na expectativa
e todos se perguntavam no seu íntimo
se João não seria o Messias.
¹⁶ Por isso, João declarou a todos:

"Eu vos batizo com água,
mas virá aquele que é mais forte do que eu.
Eu não sou digno de desamarrar
a correia de suas sandálias.
Ele vos batizará no Espírito Santo e no fogo.
^{17} Ele virá com a pá na mão:
vai limpar sua eira e recolher o trigo no celeiro;
mas a palha ele a queimará no fogo
que não se apaga".
Palavra da Salvação.

23. d) EXAME DE CONSCIÊNCIA

Depois da homilia, faz-se o exame de consciência, podendo-se usar o texto que se acha no Apêndice III (p. 476). Haverá sempre um momento de silêncio, para que cada qual possa examinar-se de maneira mais pessoal.

24. e) ATO PENITENCIAL

Depois do exame de consciência realiza-se o ato penitencial pelo *"Confesso a Deus..."*, ou por meio de invocações como, mais adiante, nos nn. 41 e 60. Por fim, canta-se ou reza-se o *Pai-nosso*, que o ministro da celebração conclui:

Ó Deus, que ao criar a luz no começo do mundo,
dissipastes as densas trevas,
apressai a vinda do criador da luz,
por vós preparada antes dos séculos,
para que, libertados do antigo erro
e preparados pelas boas obras,
caminhemos ao encontro de vosso Filho.
Que convosco vive e reina para sempre.
R. Amém.

Ou:

Deus eterno e todo-poderoso,
que pela encarnação do vosso Filho único
reconciliastes o mundo convosco,
dissipai dos nossos corações
as trevas do pecado
e brilhe cada vez mais em nós
o mistério do Natal do Senhor
que vamos celebrar com alegria.
Por Cristo, nosso Senhor.
R. Amém.

Depois de um canto apropriado, despede-se o povo com uma saudação ou bênção.

III. CELEBRAÇÕES PENITENCIAIS ORDINÁRIAS

1. PECADO E CONVERSÃO

25. a) Depois de um canto apropriado (por exemplo, Sl 138(139),1-12.16.23-24, à p. 260) e da saudação à assembléia, o ministro que preside expõe brevemente o tema das leituras; convida a uma oração silenciosa e após alguns momentos, diz:

Senhor Jesus,
quando Pedro vos negou três vezes,
volvestes para ele o vosso olhar
para que chorasse o seu pecado
e voltasse a vós de todo o coração;
volvei também a nós os vossos olhos
e movei os nossos corações,
para que voltemos a vós,
seguindo-vos fielmente a vida inteira.
Vós que viveis e reinais para sempre.

R. Amém.

26. b) LEITURAS
Lc 22,31-34

✠ Proclamação do Evangelho de Jesus Cristo segundo Lucas

Naquele tempo, Jesus disse a Pedro:
³¹ Simão, Simão!
Olha que Satanás pediu permissão
para vos peneirar como trigo.
³² Eu, porém, rezei por ti,
para que tua fé não se apague.
E tu, uma vez convertido,
fortalece os teus irmãos".
³³ Mas Simão disse:
"Senhor, eu estou pronto
para ir contigo até mesmo à prisão e à morte!"
³⁴ Jesus, porém, respondeu:
"Pedro, eu te digo que hoje,
antes que o galo cante,
três vezes tu negarás que me conheces".
Palavra da Salvação.

Faz-se um momento de silêncio.

Lc 22, 54-62

☩ Proclamação do Evangelho de Jesus Cristo segundo Lucas

⁵⁴ Após terem prendido Jesus, levaram-no,
conduzindo-o à casa do Sumo Sacerdote.
Pedro acompanhava de longe.
⁵⁵ Eles acenderam uma fogueira no meio do pátio
e sentaram-se ao redor.
Pedro sentou-se no meio deles.
⁵⁶ Ora, uma criada viu Pedro sentado perto do fogo;
encarou-o bem e disse:
"Este aqui também estava com ele!"
⁵⁷ Mas Pedro negou:
"Mulher, eu nem o conheço!"
⁵⁸ Pouco depois, um outro viu Pedro e disse:
"Tu também és um deles".
Mas Pedro respondeu:
"Homem, não sou".
⁵⁹ Passou mais ou menos uma hora,
e um outro insistia:
"Certamente, este aqui também estava com ele,
porque é galileu!"
Mas Pedro respondeu:
⁶⁰ "Homem, não sei o que estás dizendo!"

Nesse momento,
enquanto Pedro ainda falava, um galo cantou.
⁶¹ Então o Senhor se voltou e olhou para Pedro.
E Pedro lembrou-se da palavra
que o Senhor lhe tinha dito:
"Hoje, antes que o galo cante,
três vezes me negarás".
⁶² Então Pedro saiu para fora e chorou amargamente.
Palavra da Salvação.

Sl 30(31),10.15-17.20 (R. 17)
Súplica confiante do aflito

R. Mostrai serena a vossa face ao vosso servo,
e salvai-me pela vossa compaixão!

– ¹⁰ Tende piedade, ó Senhor, estou sofrendo: †
os meus olhos se turvaram de tristeza, *
o meu corpo e minha alma definharam!   R.

– ¹⁵ A vós, porém, ó meu Senhor, eu me confio, *
e afirmo que só vós sois o meu Deus!
– ¹⁶ Eu entrego em vossas mãos o meu destino; *
libertai-me do inimigo e do opressor!
– ¹⁷ Mostrai serena a vossa face ao vosso servo, *
e salvai-me pela vossa compaixão!   R.

– ²⁰ Como é **gran**de, ó Senhor, vossa bondade, *
que reser**vas**tes para aqueles que vos temem!
– Para **aque**les que em vós se refugiam, *
mostrando, as**sim**, o vosso amor perante os
homens. R.

Ou: Sl 50(51) (R. 12b)
Tende piedade, ó meu Deus!

R. Dai-me de **no**vo a ale**gri**a de ser **sal**vo.

– ³ Tende pie**da**de, ó meu **Deus**, miseri**cór**dia! *
Na imensi**dão** de vosso amor, purificai-me!
– ⁴ La**vai**-me todo inteiro do pecado, *
e apa**gai** completamente a minha culpa! R.

– ⁵ Eu reco**nhe**ço toda a minha iniqüidade, *
o meu pe**ca**do está sempre à minha frente.
– ⁶ Foi contra **vós**, só contra vós, que eu pequei, *
e prati**quei** o que é mau aos vossos olhos! R.

– Mostrais as**sim** quanto sois justo na sentença, *
e quanto é **re**to o julgamento que fazeis.
– ⁷ Vede, Se**nhor**, que eu nasci na iniqüidade *
e peca**dor** já minha mãe me concebeu. R.

– ⁸ Mas vós **amais** os corações que são sinceros, *
  na intimi**da**de me ensinais sabedoria.
– ⁹ Asper**gi**-me e serei puro do pecado, *
  e mais **bran**co do que a neve ficarei.   R.

– ¹⁰ Fazei-me ou**vir** cantos de festa e de alegria, *
  e exulta**rão** estes meus ossos que esmagastes.
– ¹¹ Desvi**ai** o vosso olhar dos meus pecados *
  e apa**gai** todas as minhas transgressões!   R.

– ¹² Criai em **mim** um coração que seja puro, *
  dai-me de **no**vo um espírito decidido.
– ¹³ Ó Se**nhor**, não me afasteis de vossa face, *
  nem reti**reis** de mim o vosso Santo Espírito!   R.

– ¹⁴ Dai-me de **no**vo a alegria de ser salvo *
  e confir**mai**-me com espírito generoso!
– ¹⁵ Ensina**rei** vosso caminho aos pecadores, *
  e para **vós** se voltarão os transviados.   R.

– ¹⁶ Da **mor**te como pena, libertai-me, *
  e minha **lín**gua exaltará vossa justiça!
– ¹⁷ Abri meus **lá**bios, ó Senhor, para cantar, *
  e minha **bo**ca anunciará vosso louvor!   R.

– ¹⁸ Pois não **são** de vosso agrado os sacrifícios, *
  e, se o**fer**to um holocausto, o rejeitais.

— ¹⁹ Meu sacrifício é minha alma penitente, *
não desprezeis um coração arrependido!   R.

— ²⁰ Sede benigno com Sião, por vossa graça, *
reconstruí Jerusalém e os seus muros!
— ²¹ E aceitareis o verdadeiro sacrifício, *
os holocaustos e oblações em vosso altar!   R.

Ou outro canto apropriado

Jo 21,15-19
☩ Proclamação do Evangelho de Jesus Cristo
segundo João

Jesus se manifestou aos seus discípulos
¹⁵ e depois de comerem, perguntou a Simão
Pedro:
"Simão, filho de João,
tu me amas mais do que estes?"
Pedro respondeu:
"Sim, Senhor, tu sabes que eu te amo".
Jesus disse:
"Apascenta os meus cordeiros".
¹⁶ E disse de novo a Pedro:
"Simão, filho de João, tu me amas?"

Pedro disse:
"Sim, Senhor, tu sabes que eu te amo".
Jesus disse-lhe:
"Apascenta as minhas ovelhas".
¹⁷ Pela terceira vez, perguntou a Pedro:
"Simão, filho de João, tu me amas?"
Pedro ficou triste,
porque Jesus perguntou três vezes se ele o amava.
Respondeu:
"Senhor, tu sabes tudo;
tu sabes que eu te amo".
Jesus disse-lhe:
"Apascenta as minhas ovelhas.
¹⁸ Em verdade, em verdade te digo:
quando eras jovem,
tu te cingias e ias para onde querias.
Quando fores velho,
estenderás as mãos e outro te cingirá
e te levará para onde não queres ir".
¹⁹ Jesus disse isso,
significando com que morte
Pedro iria glorificar a Deus.
E acrescentou:
"Segue-me".
Palavra da Salvação.

27. c) HOMILIA

Nela se pode tratar:

– da confiança que se deve colocar na graça de Deus e não em nossas forças;

– da fidelidade com que devemos viver o nosso Batismo, como verdadeiros discípulos do Senhor;

– da nossa fraqueza que nos leva a cair muitas vezes no pecado e nos impede de dar testemunho do Evangelho;

– da misericórdia do Senhor que, após o pecado, nos acolhe de novo como amigos, se de todo o coração voltarmos para ele.

28. d) EXAME DE CONSCIÊNCIA

Após a homilia, faz-se o exame de consciência, podendo-se usar o texto que se acha no Apêndice III (p. 476). Haverá sempre um momento de silêncio para que cada um possa examinar-se de maneira mais pessoal.

29. e) ATO PENITENCIAL

Depois do exame de consciência, o ministro que preside convida a orar, com estas palavras ou outras semelhantes:

A prova de que Deus nos ama é que,
quando ainda éramos pecadores,
ele nos amou primeiro
e se compadeceu de nós.
Convertamo-nos, pois, a ele de todo o coração
e, com o Apóstolo Pedro,
manifestemos humildemente o nosso amor,
dizendo:

R. **Senhor, vós sabeis tudo;
vós sabeis que eu vos amo.**

Convém intercalar curtos momentos de silêncio entre uma e outra destas invocações que poderão ser propostas por um ou outro fiel, enquanto os demais respondem.

– Senhor, como o Apóstolo Pedro,
temos confiado mais em nós que em vossa
graça; Senhor, voltai para nós os vossos olhos
e tende piedade de nós.

R. **Senhor, vós sabeis tudo;
vós sabeis que eu vos amo.**

– Agimos sem humildade e sem prudência,
  e por isso caímos em tentação.
  Senhor, voltai para nós os vossos olhos
  e tende piedade de nós.   R.

– Temos sido orgulhosos e nos julgamos
  melhores que os outros.
  Senhor, voltai para nós os vossos olhos
  e tende piedade de nós.   R.

– Talvez nos tenhamos alegrado
  com as quedas dos nossos irmãos,
  em vez de nos contristarmos.
  Senhor, voltai para nós os vossos olhos
  e tende piedade de nós.   R.

– Muitas vezes desprezamos os necessitados,
  em lugar de prestar-lhes ajuda.
  Senhor, voltai para nós os vossos olhos
  e tende piedade de nós.   R.

– Temos fugido às vezes por medo
  ao testemunho da verdade e da justiça.
  Senhor, voltai para nós os vossos olhos
  e tende piedade de nós.   R.

— Temos sido muitas vezes infiéis às promessas do Batismo que nos tornou vossos discípulos. Senhor, voltai para nós os vossos olhos e tende piedade de nós. R.

— Agora, irmãos e irmãs, dirijamos nossa súplica ao Pai que está nos céus e como nos ensinou Jesus, peçamos perdão de nossas ofensas:

Pai nosso que estais nos céus,
   santificado seja o vosso nome;
   venha a nós o vosso reino,
   seja feita a vossa vontade
   assim na terra como no céu;
   o pão nosso de cada dia nos dai hoje;
   perdoai-nos as nossas ofensas,
   assim como nós perdoamos
   a quem nos tem ofendido;
   e não nos deixeis cair em tentação,
   mas livrai-nos do mal.

30. f) Depois de um canto apropriado, o ministro que dirige a celebração diz a oração conclusiva e despede o povo.

Senhor Jesus, Salvador nosso,
que escolhestes Pedro para Apóstolo
e, depois de sua culpa e penitência,
de novo o confirmastes como vosso amigo
e príncipe dos apóstolos,
voltai-vos para nós e protegei-nos,
para que, a exemplo de Pedro,
regressemos a vós quando pecarmos,
seguindo-vos no futuro com maior amor.
Vós que viveis e reinais para sempre.

R. Amém.

2. O FILHO REGRESSA AO PAI

31. a) Depois de um canto apropriado e da saudação à assembléia, o ministro que preside expõe aos presentes o tema da celebração penitencial. Em seguida, convida-os a uma oração silenciosa e após alguns momentos, diz:

Senhor, todo-poderoso,
vós sois o Pai de todos.
Criastes o ser humano
para que estivesse sempre em vossa casa
proclamando a vossa glória.
Abri os nossos corações
para ouvirmos vossa voz,
a fim de que, afastados de vós pelo pecado,
voltemos a vós de todo o coração,
e reconheçamos que sois o nosso Pai,
rico em misericórdia para aqueles
que o invocam,
que nos corrige para nos afastar do mal,
e nos perdoa todos os pecados.
Devolvei-nos a alegria da vossa salvação,
para que, regressando a vós,
nos alegremos no banquete da vossa casa
agora e para sempre,
R. Amém.

32. b) LEITURAS

Ef 1,3-7 *Ele nos predestinou para sermos seus filhos adotivos.*

Leitura da Carta de São Paulo aos Efésios

³ Bendito seja Deus,
Pai de nosso Senhor Jesus Cristo.
Ele nos abençoou com toda a bênção do seu Espírito
em virtude de nossa união com Cristo, no céu.
⁴ Em Cristo, ele nos escolheu, antes da fundação do mundo,
para que sejamos santos e irrepreensíveis
sob o seu olhar, no amor.
⁵ Ele nos predestinou para sermos seus filhos adotivos
por intermédio de Jesus Cristo,
conforme a decisão da sua vontade,
⁶ para o louvor da sua glória
e da graça com que ele nos cumulou no seu Bem-amado.
⁷ Pelo seu sangue, nós somos libertados.
Nele, as nossas faltas são perdoadas,
segundo a riqueza da sua graça.
Palavra do Senhor.

Sl 26(27),1.4.7-10.13-14 (R. 13)
Confiança em Deus no perigo

R. Sei que a bondade do Senhor eu hei de ver
na terra dos viventes.

– ¹ O Senhor é minha luz e salvação; *
de quem eu terei medo?
– O Senhor é a proteção da minha vida; *
perante quem eu tremerei?   R.

– ⁴ Ao Senhor eu peço apenas uma coisa, *
e é só isto que eu desejo:
– habitar no santuário do Senhor *
por toda a minha vida;
– saborear a suavidade do Senhor *
e contemplá-lo no seu templo.   R.

– ⁷ Ó Senhor, ouvi a voz do meu apelo, *
atendei por compaixão!
– ⁸ Meu coração fala convosco confiante, *
e os meus olhos vos procuram.
– Senhor, é vossa face que eu procuro; *
não me escondais a vossa face!   R.

– ⁹ Não afasteis em vossa ira o vosso servo, *
sois vós o meu auxílio!

– Não me esque**çais** nem me deixeis abandonado,*
  meu **Deus** e Salvador!
– ¹⁰ Se meu **pai** e minha mãe me abandonarem, *
  o Se**nhor** me acolherá! R.

– ¹³ Sei que a bon**da**de do Senhor eu hei de ver *
  na **terra** dos viventes.
– ¹⁴ Es**pe**ra no Senhor e tem coragem, *
  es**pe**ra no Senhor! R.

Lc 15,11-32   *Seu pai o avistou
e sentiu compaixão.*

✠ Proclamação do Evangelho de Jesus Cristo
segundo Lucas

    Naquele tempo, contou Jesus esta parábola,
dizendo:
¹¹ "Um homem tinha dois filhos.
¹² O filho mais novo disse ao pai:
   'Pai, dá-me a parte da herança que me cabe'.
   E o pai dividiu os bens entre eles.
¹³ Poucos dias depois, o filho mais novo juntou
   o que era seu e partiu para um lugar distante.
   E ali esbanjou tudo numa vida desenfreada.
¹⁴ Quando tinha gasto tudo o que possuía,
   houve uma grande fome naquela região,
   e ele começou a passar necessidade.

¹⁵ Então foi pedir trabalho a um homem do lugar,
que o mandou para seu campo cuidar dos porcos.
¹⁶ O rapaz queria matar a fome
com a comida que os porcos comiam,
mas nem isto lhe davam.
¹⁷ Então caiu em si e disse:
'Quantos empregados do meu pai têm pão com
fartura, e eu aqui, morrendo de fome.
¹⁸ Vou-me embora, vou voltar para meu pai e
dizer-lhe:
'Pai, pequei contra Deus e contra ti;
¹⁹ já não mereço ser chamado teu filho.
Trata-me como a um dos teus empregados'.
²⁰ Então ele partiu e voltou para seu pai.
Quando ainda estava longe, seu pai o avistou
e sentiu compaixão.
Correu-lhe ao encontro, abraçou-o,
e cobriu-o de beijos.
²¹ O filho, então, lhe disse:
'Pai, pequei contra Deus e contra ti.
Já não mereço ser chamado teu filho'.
²² Mas o pai disse aos empregados:
'Trazei depressa a melhor túnica
para vestir meu filho.
E colocai um anel no seu dedo
e sandálias nos pés.
²³ Trazei um novilho gordo e matai-o.

Vamos fazer um banquete.
²⁴ Porque este meu filho estava morto e
tornou a viver;
estava perdido e foi encontrado'.
E começaram a festa.
²⁵ O filho mais velho estava no campo.
Ao voltar, já perto de casa,
ouviu música e barulho de dança.
²⁶ Então chamou um dos criados
e perguntou o que estava acontecendo.
²⁷ O criado respondeu:
'É teu irmão que voltou.
Teu pai matou o novilho gordo,
porque o recuperou com saúde'.
²⁸ Mas ele ficou com raiva e não queria entrar.
O pai, saindo, insistia com ele.
²⁹ Ele, porém, respondeu ao pai:
'Eu trabalho para ti há tantos anos,
jamais desobedeci a qualquer ordem tua.
E tu nunca me deste um cabrito
para eu festejar com meus amigos.
³⁰ Quando chegou esse teu filho,
que esbanjou teus bens com prostitutas,
matas para ele o novilho cevado'.
³¹ Então o pai lhe disse:
'Filho, tu estás sempre comigo,
e tudo o que é meu é teu.

³² Mas era preciso festejar e alegrar-nos,
porque este teu irmão estava morto
e tornou a viver;
estava perdido, e foi encontrado' ".
Palavra da Salvação.

33. c) HOMILIA

Nela se pode tratar:
- do pecado como rejeição ao amor filial para com Deus nosso Pai;
- da misericórdia infinita do Pai para com seus filhos pecadores;
- das condições da verdadeira conversão;
- do perdão que devemos a nossos irmãos;
- do banquete eucarístico, como ápice da reconciliação com a Igreja e com Deus.

34. d) EXAME DE CONSCIÊNCIA

Depois da homilia, faz-se o exame de consciência, podendo-se usar o texto que se encontra no Apêndice III (p. 476). Haverá sempre um momento de silêncio, para que cada um possa examinar-se de modo mais pessoal.

35. e) ATO PENITENCIAL

Depois do exame de consciência, o ministro que preside convida a orar, dizendo:

Nosso Deus é um Deus misericordioso,
lento na ira e rico em paciência,
que nos torna a receber com amor,
como o pai recebeu o filho pródigo.
Dirijamo-nos a ele cheios de confiança, dizendo:

R. **Não merecemos ser chamados vossos filhos e filhas.**

— Por termos usado mal os vossos dons,
pecando contra vós. R.

— Por nos termos afastado
do vosso caminho, pecando contra vós. R.

— Por termos esquecido o vosso amor,
pecando contra vós. R.

— Por termos preferido o nosso prazer
ao nosso verdadeiro bem e de nossos
irmãos, pecando contra vós. R.

— Por termos dado pouca atenção
aos nossos irmãos, pecando contra vós. R.

— Por termos demorado a perdoar nossos
irmãos e irmãs, pecando contra vós. R.

— Por termos esquecido a vossa incansável
misericórdia, que sempre nos aceita,
pecando contra vós. R.

Podem ser acrescentadas outras invocações espontâneas; convém intercalar entre uma e outra momentos de silêncio e que as invocações sejam proferidas por um ou outro fiel.

Agora, irmãos, com as mesmas palavras que Jesus nos ensinou, invoquemos ao Pai que está nos céus para que perdoe os nossos pecados:

Pai nosso, que estais nos céus,
santificado seja o vosso nome;
venha a nós o vosso reino,
seja feita a vossa vontade,
assim na terra como no céu;
o pão nosso de cada dia nos dai hoje;
perdoai-nos as nossas ofensas,
assim como nós perdoamos
a quem nos tem ofendido;
e não nos deixeis cair em tentação,
mas livrai-nos do mal.

36. f) Depois de um canto apropriado, o ministro que preside a celebração diz a oração conclusiva e despede o povo.

Deus e Pai nosso,
que nos escolhestes para sermos
vossos filhos e filhas adotivos,
santos em vossa presença,
e felizes em vossa casa,
recebei-nos e conservai-nos em vosso amor,
para que vivamos cheios de caridade e alegria
na vossa santa Igreja.
Por Cristo, nosso Senhor.

R. Amém.

3. AS BEM-AVENTURANÇAS EVANGÉLICAS

37. a) Depois de um canto apropriado e da saudação aos fiéis, o ministro que preside expõe brevemente o tema das leituras, convida-os a uma oração silenciosa e, após alguns momentos, diz:

Abri, Senhor, nossos corações
para que ouçamos, hoje, vossa voz,
e, acolhendo o Evangelho de vosso Filho,
por sua morte e ressurreição.
Por Cristo, nosso Senhor.

R. Amém.

38. b) LEITURAS

1Jo 1,5-9   *Se dissermos que não temos pecado, estamos enganando a nós mesmos.*

Leitura da Primeira Carta de São João.

⁵ A mensagem, que ouvimos de Jesus Cristo
e vos anunciamos, é esta:
Deus é luz e nele não há trevas.
⁶ Se dissermos que estamos em comunhão com ele,
mas andamos nas trevas,
estamos mentindo e não nos guiamos
pela verdade.
⁷ Mas, se andamos na luz,
como ele está na luz,
então estamos em comunhão uns com os outros,
e o sangue de seu Filho Jesus
nos purifica de todo pecado.
⁸ Se dissermos que não temos pecado,
estamo-nos enganando a nós mesmos,
e a verdade não está dentro de nós.
⁹ Se reconhecermos nossos pecados,
então Deus se mostra fiel e justo,
para nos perdoar os pecados
e nos purificar de toda culpa.
Palavra do Senhor.

Sl 145(146), 5-10 (R. 6c)

Felicidade dos que esperam no Senhor

R. O Senhor é fiel para sempre.

=⁵ É feliz todo homem que busca †
 seu auxílio no Deus de Jacó, *
 e que põe no Senhor a esperança.
−⁶   O Senhor fez o céu e a terra, *
 fez o mar e o que neles existe. R.

−   O Senhor é fiel para sempre, *
⁷   faz justiça aos que são oprimidos;
−   ele dá alimento aos famintos, *
 é o Senhor quem liberta os cativos. R.

=⁸ O Senhor abre os olhos aos cegos, †
 o Senhor faz erguer-se o caído, *
 o Senhor ama aquele que é justo. R.

=⁹ É o Senhor quem protege o estrangeiro, †
 quem ampara a viúva e o órfão, *
 mas confunde os caminhos dos maus. R.

=¹⁰ O Senhor reinará para sempre! †
 Ó Sião, o teu Deus reinará *
 para sempre e por todos os séculos! R.

Mt 5,1-10 *Bem-aventurados os pobres em espírito, porque deles é o Reino dos Céus.*

✠ Proclamação do Evangelho de Jesus Cristo segundo Mateus

¹ Vendo Jesus as multidões,
subiu ao monte e sentou-se.
Os discípulos aproximaram-se,
² e Jesus começou a ensiná-los:
³ "Bem-aventurados os pobres em espírito,
porque deles é o Reino dos Céus.
⁴ Bem-aventurados os aflitos,
porque serão consolados.
⁵ Bem-aventurados os mansos,
porque possuirão a terra.
⁶ Bem-aventurados os que têm fome
e sede de justiça, porque serão saciados.
⁷ Bem-aventurados os misericordiosos,
porque alcançarão misericórdia.
⁸ Bem-aventurados os puros de coração,
porque verão a Deus.
⁹ Bem-aventurados os que promovem a paz,
porque serão chamados filhos de Deus.
¹⁰ Bem-aventurados os que são perseguidos
por causa da justiça,
porque deles é o Reino dos Céus.
Palavra da Salvação.

39. c) HOMILIA

Nela se pode tratar:
– do pecado que nos faz esquecer os mandamentos de Cristo, e recusar as bem-aventuranças do Evangelho;
– da firmeza de nossa fé nas palavras de Cristo;
– de nossa fidelidade em imitar a Cristo, tanto na vida particular como na comunidade cristã e na sociedade humana;
– de cada uma das bem-aventuranças.

40. d) EXAME DE CONSCIÊNCIA

Depois da homilia, faz-se o exame de consciência, podendo-se usar o texto que se encontra no Apêndice III (p. 476). Haverá sempre um momento de silêncio para que cada um possa examinar-se de modo mais pessoal.

41.e) ATO PENITENCIAL

Depois do exame de consciência, o ministro que preside convida à oração, com estas palavras ou outras semelhantes:

Irmãos e irmãs, Jesus Cristo nos deixou o
exemplo para que sigamos suas pegadas.
Elevemos a ele nossa súplica,
com toda a humildade e confiança,

para que purifique nossos corações
e nos conceda viver segundo o Evangelho:
- Senhor Jesus Cristo, vós dissestes: Bem-aventurados os que têm um coração de pobre, porque deles é o reino dos céus"; mas nós vivemos demasiadamente preocupados com as riquezas procurando-as até injustamente.

 Cordeiro de Deus, que tirais o pecado do mundo,
R. Tende piedade de nós.

- Senhor Jesus Cristo, vós dissestes: "Bem-aventurados os mansos porque eles possuirão a terra"; mas nós usamos de violência para com nossos irmãos, e o nosso mundo está cheio de discórdia e guerra.

 Cordeiro de Deus, que tirais o pecado do mundo,
R. Tende piedade de nós.

- Senhor Jesus Cristo, vós dissestes: "Bem-aventurados os que choram, porque serão consolados"; mas nós não temos paciência para suportar as dificuldades, e pouco nos preocupamos com os irmãos e a irmãs que sofrem.

 Cordeiro de Deus, que tirais o pecado do mundo,
R. Tende piedade de nós.

– Senhor Jesus Cristo, vós dissestes: "Bem-aventurados os que têm fome e sede de justiça, porque serão saciados"; mas nós não temos sede da fonte de santidade que sois vós e somos lentos em praticar a justiça, em nossa vida particular e pública.
Cordeiro de Deus, que tirais o pecado do mundo,
R. Tende piedade de nós.

– Senhor Jesus Cristo, vós dissestes: "Bem-aventurados os misericordiosos, porque alcançarão misericórdia"; mas nós não queremos perdoar nossos irmãos, e julgamos com severidade o nosso próximo.
Cordeiro de Deus, que tirais o pecado do mundo,
R. Tende piedade de nós.

– Senhor Jesus Cristo, vós dissestes: "Bem-aventurados os corações puros, porque eles verão a Deus"; mas nós somos escravos da concupiscência e da sensualidade e não ousamos levantar os olhos para vós.
Cordeiro de Deus, que tirais o pecado do mundo,
R. Tende piedade de nós.

– Senhor Jesus Cristo, vós dissestes: "Bem-aventurados os pacíficos porque serão chamados filhos de Deus; mas nós não sabemos construir a paz em nossas famílias, na sociedade, e entre as nações.

Cordeiro de Deus, que tirais o pecado do mundo,
R. Tende piedade de nós.

– Senhor Jesus Cristo, vós dissestes: "Bem-aventurados os que são perseguidos por causa da justiça, porque deles é o reino dos céus"; mas nós preferimos praticar a injustiça que sofrer pela justiça, e aceitamos discriminações, opressões e perseguições contra nossos irmãos e irmãs.

Cordeiro de Deus, que tirais o pecado do mundo,
R. Tende piedade de nós.

– Invoquemos agora ao Senhor, nosso Pai, para que nos livre do mal e nos faça dignos do seu Reino:
Pai nosso, que estais nos céus,
santificado seja o vosso nome;
venha a nós o vosso reino,
seja feita a vossa vontade
assim na terra como no céu;
o pão nosso de cada dia nos dai hoje;
perdoai-nos as nossas ofensas,
assim como nós perdoamos

a quem nos tem ofendido;
e não nos deixeis cair em tentação,
mas livrai-nos do mal.

42. f) Depois de um canto apropriado, o ministro que preside a celebração diz a oração conclusiva e despede o povo.

Senhor Jesus Cristo,
manso e humilde de coração,
misericordioso e pacífico,
pobre e morto pela justiça,
que chegastes à glória pela cruz
para mostrar-nos o caminho da salvação,
concedei-nos receber com alegria
o vosso Evangelho
e viver segundo o vosso exemplo,
como co-herdeiros e participantes
do vosso Reino.
Vós que viveis e reinais para sempre.

R. Amém.

IV. CELEBRAÇÃO PENITENCIAL PARA CRIANÇAS

43. Este esquema de celebração penitencial, próprio para crianças de pouca idade, visa também as que ainda não se aproximaram da confissão sacramental.

TEMA: DEUS NOS PROCURA

44. A celebração penitencial deve ser preparada com as próprias crianças, de modo que estejam mais seguras do sentido e finalidade da celebração, conheçam bem os cantos, tenham alguma noção do texto da Sagrada Escritura que vai ser lido, saibam os textos que deverão dizer, o que devem fazer, e o desenrolar da cerimônia.

45. a) SAUDAÇÃO

O celebrante saúda amavelmente as crianças reunidas na igreja ou em outro lugar apropriado, recordando em poucas palavras a finalidade da celebração e sua seqüência. Terminada a saudação, pode-se iniciar com um canto.

46. b) LEITURA

O celebrante pode fazer uma breve introdução com estas palavras ou outras semelhantes:

Queridas crianças:
pelo batismo, nos tornamos filhos e filhas de Deus.
Ele nos ama como um Pai,
e deseja que o amemos de todo o coração.
Mas deseja também que sejamos bons
uns para com os outros,
para que todos juntos vivamos felizes.
Entretanto, nem sempre as pessoas
agem de acordo com a vontade de Deus.
Elas dizem: "Não obedeço! Eu faço o que quero!"
Não obedecem a Deus nem querem ouvir a sua voz.
Também nós fazemos assim muitas vezes.
Isto é o que chamamos pecado,
pelo qual nos afastamos de Deus;
e, se for um pecado grave,
nos separamos completamente dele.
E que faz Deus, quando alguém se afasta dele?
O que faz, quando abandonamos o caminho certo,
e corremos o risco de perder a verdadeira vida?
Será que se afasta de nós, ofendido?
Ouçamos o que nosso Senhor nos diz:

47. Lê-se apenas um texto da Sagrada Escritura.

Lc 15,1-7

☩ Proclamação do Evangelho de Jesus Cristo segundo Lucas

Naquele tempo,
¹ os publicanos e pecadores
aproximavam-se de Jesus para o escutar.
² Os fariseus, porém,
e os mestres da Lei criticavam Jesus.
"Este homem acolhe os pecadores
e faz refeição com eles".
³ Então Jesus contou-lhes esta parábola:
⁴ "Se um de vós tem cem ovelhas e perde uma,
não deixa as noventa e nove no deserto,
e vai atrás daquela que se perdeu,
até encontrá-la?
⁵ Quando a encontra,
coloca-a nos ombros com alegria,
⁶ e, chegando a casa, reúne os amigos e vizinhos,
e diz:
'Alegrai-vos comigo!
Encontrei a minha ovelha que estava perdida!'
⁷ Eu vos digo:
Assim haverá no céu mais alegria
por um só pecador que se converte,
do que por noventa e nove justos
que não precisam de conversão.

48. c) HOMILIA

A homilia deve ser breve, pondo em relevo o amor de Deus por nós, como base para o exame de consciência.

49. d) EXAME DE CONSCIÊNCIA

O exame de consciência deve ser adaptado ao grau de compreensão das crianças, mediante breves indicações do celebrante, e completado por um oportuno momento de silêncio (cf. Apêndice III, p. 476).

50. e) ATO PENITENCIAL

As seguintes orações litânicas podem ser recitadas pelo celebrante, ou por uma ou mais crianças, alternando com as outras. Aconselha-se uma breve pausa antes das respostas, que podem ser cantadas.

— Muitas vezes não nos comportamos
como filhos e filhas de Deus.
R. Mas Deus nos ama e nos procura.

— Aborrecemos nossos pais e mestres.
R. Mas Deus nos ama e nos procura.

- Brigamos e falamos mal de nossos companheiros.
R. Mas Deus nos ama e nos procura.

- Fomos preguiçosos em casa (na escola) e não ajudamos nossos pais (irmãos e colegas).
R. Mas Deus nos ama e nos procura.

- Fomos distraídos e mentirosos.
R. Mas Deus nos ama e nos procura.

- Não fizemos o bem quando podíamos.
R. Mas Deus nos ama e nos procura.

- Agora, em união com Jesus, nosso irmão, vamos falar com nosso Pai do céu e pedir que nos perdoe.

Pai nosso, que estais nos céus,
santificado seja o vosso nome;
venha a nós o vosso reino,
seja feita a vossa vontade
assim na terra como no céu.
O pão nosso de cada dia nos dai hoje;
perdoai-nos as nossas ofensas,
assim como nós perdoamos
a quem nos tem ofendido;
e não nos deixeis cair em tentação,
mas livrai-nos do mal.

51. f) ATO DE CONTRIÇÃO E PROPÓSITO DE EMENDA

O ato de contrição e o propósito de emenda podem ser manifestados por algum rito. Por exemplo: Cada criança vai acender sua vela no altar ou em outro lugar apropriado – com a ajuda do ministro, se for necessário – e diz em seguida:

Pai, arrependo-me de ter praticado o mal,
e não ter feito o bem.
Vou me esforçar para me corrigir,

(aqui se exprime um propósito determinado)

e caminhar na vossa luz.

Em lugar da vela ou junto com a mesma, podem depositar sobre o altar ou lugar determinado, uma folha onde tenham escrito essa oração e o propósito.

Se o grande número de crianças ou outras circunstâncias não o permitirem, o celebrante convida as crianças a rezarem em conjunto a referida oração, com o propósito genérico.

52. g) ORAÇÃO DO CELEBRANTE

Nosso Deus e Pai nos procura todas as vezes
que nos afastamos do caminho certo,
e está sempre pronto a dar-nos o seu perdão.
Por isso, que Deus todo-poderoso
tenha misericórdia de nós, perdoe nossos pecados
e nos conduza à vida eterna.

R. Amém.

53. O ministro convida as crianças à ação de graças, que pode ser feita por um canto apropriado. Em seguida, despede as crianças.

V. CELEBRAÇÃO PENITENCIAL PARA JOVENS

54. Esta celebração penitencial deve ser preparada de tal modo que, se for possível, os próprios jovens escolham ou componham com o celebrante os textos e os cantos, sendo escolhidos também para leitores, cantores e grupo coral.

TEMA: A RENOVAÇÃO DE VIDA SEGUNDO A VOCAÇÃO CRISTÃ

55. a) SAUDAÇÃO

A saudação pode ser feita com estas palavras ou outras semelhantes:

Caros jovens,
aqui nos reunimos
para fazer penitência e renovar nossa vida.
Não se trata, como muitos podem pensar,
de alguma coisa árdua e penosa apenas,
mas de um encontro proveitoso
que visa mais ao futuro que ao passado:
Deus, pela penitência, nos abre um caminho novo,
conduzindo-nos cada vez mais

à plena liberdade de filhos e filhas de Deus.
Cristo, chamando-nos à conversão,
mostra-nos a entrada para o reino de seu Pai,
como nos ensina na parábola do mercador
que, encontrando uma pérola preciosa,
vende tudo para comprá-la.
Animados por este exemplo,
abandonamos a vida passada
em busca de uma vida mais preciosa.

A seguir, entoa-se um canto que fale da vocação para uma vida nova, ou da solicitude em seguir o chamado de Deus (por exemplo, o Sl 39,1-9 com R.: Com prazer faço a vossa vontade).

Sl 39(40), 2-9 (R. 9b)

Ação de graças e pedido de auxílio

R. Com prazer faço a vossa vontade.

– ² Esperando, esperei no Senhor, *
e inclinando-se, ouviu meu clamor.
– ³ Retirou-me da cova da morte *
e de um charco de lodo e de lama. R.

– Colo**cou** os meus pés sobre a rocha, *
devol**veu** a firmeza a meus passos.
– ⁴ Canto **no**vo ele pôs em meus lábios, *
um poema em louvor ao Senhor.   R.

– Muitos **ve**jam, respeitem, adorem *
e es**pe**rem em Deus, confiantes.
= ⁵ É fe**liz** quem a Deus se confia; †
quem não **se**gue os que adoram os ídolos *
e se **per**dem por falsos caminhos.   R.

– ⁶ Quão i**men**sos, Senhor, vossos feitos! *
Mara**vi**lhas fizestes por nós!
– Quem a **vós** poderá comparar-se *
nos de**sí**gnios a nosso respeito?
– Eu qui**se**ra, Senhor, publicá-los, *
mas são **tan**tos! Quem pode contá-los?   R.

– ⁷ Sacri**fí**cio e oblação não quisestes, *
mas a**bris**tes, Senhor, meus ouvidos;
= não pe**dis**tes ofertas nem vítimas, †
holo**caus**tos por nossos pecados. *
⁸ E en**tão** eu vos disse: "Eis que venho!"   R

= Sobre **mim** está escrito no livro: †
⁹ "Com pra**zer** faço a vossa vontade, *
guardo em **meu** coração vossa lei!"   R.

56. b) ORAÇÃO

Ó Deus, que nos chamais das trevas à luz,
da mentira à verdade,
e da morte à vida,
derramai em nós o vosso Espírito Santo
para que abra nossos ouvidos
e fortaleça nossos corações,
a fim de podermos compreender nossa vocação,
e caminhar corajosamente
para uma verdadeira vida cristã.
Por Cristo, nosso Senhor.
R. Amém.

57. c) LEITURAS

Rm 7,18-25

Leitura da Carta de São Paulo aos Romanos

Irmãos:
18 Estou ciente que o bem não habita em mim,
isto é, na minha carne.
Pois eu tenho capacidade de querer o bem,
mas não de realizá-lo.
19 Com efeito, não faço o bem que quero,
mas faço o mal que não quero.

²⁰ Ora, se faço aquilo que não quero,
então já não sou eu que estou agindo,
mas o pecado que habita em mim.
²¹ Portanto, descubro em mim esta lei:
Quando quero fazer o bem,
é o mal que se me apresenta.
²² Como homem interior
ponho toda a minha satisfação na lei de Deus;
²³ mas sinto em meus membros outra lei,
que luta contra a lei da minha razão
e me aprisiona na lei do pecado,
essa lei que está em meus membros.
²⁴ Infeliz que eu sou!
Quem me libertará deste corpo de morte?
²⁵ Graças sejam dadas a Deus, por Jesus Cristo,
nosso Senhor.
Em suma:
Pela minha mente eu sirvo à lei de Deus,
mas pela carne, sirvo à lei do pecado.
Palavra do Senhor.

Ou:
Rm 8,19-23

Leitura da Carta de São Paulo aos Romanos.

Irmãos:

[19] Toda a criação está esperando ansiosamente
o momento de se revelarem os filhos de Deus.
[20] Pois a criação ficou sujeita à vaidade,
não por sua livre vontade,
mas por sua dependência daquele que a sujeitou;
[21] também ela espera ser libertada
da escravidão da corrupção
e, assim, participar da liberdade
e da glória dos filhos de Deus.
[22] Com efeito, sabemos que toda a criação,
até ao tempo presente,
está gemendo como que em dores de parto.
[23] E não somente ela, mas nós também,
que temos os primeiros frutos do Espírito,
estamos interiormente gemendo,
aguardando a adoção filial
e a libertação para o nosso corpo.
Palavra do Senhor.

Momento de silêncio ou um canto apropriado.

Mt 13,44-46

✠ Proclamação do Evangelho de Jesus Cristo segundo Mateus.

Naquele tempo, disse Jesus às multidões:
⁴⁴ O Reino dos Céus é como um tesouro
escondido no campo.
Um homem o encontra e o mantém escondido.
Cheio de alegria, ele vai, vende todos os seus bens
e compra aquele campo.
⁴⁵ O Reino dos Céus também é como um comprador
que procura pérolas preciosas.
⁴⁶ Quando encontra uma pérola de grande valor,
ele vai, vende todos os seus bens
e compra aquela pérola.
Palavra da Salvação.

58. d) HOMILIA

A homilia pode tratar:

– da realidade do pecado, que nos opõe a Deus
– da necessidade de abandonar o caminho do pecado para entrar no Reino de Deus.

59. e) EXAME DE CONSCIÊNCIA

Depois da homilia, faz-se o exame de consciência, podendo-se usar o texto que se encontra no Apêndice III (p. 476). Haverá sempre um momento de silêncio para que cada um possa examinar-se de maneira mais pessoal.

60. f) ATO PENITENCIAL

O Cristo, Senhor nosso,
chamou os pecadores ao reino de seu Pai.
Por isso, cada um,
no íntimo de sua alma,
faça um ato de contrição
e um propósito concreto.

Após breve silêncio, todos dizem ao mesmo tempo:
Confesso a Deus todo-poderoso
e a vós, irmãos e irmãs,
que pequei muitas vezes
por pensamentos e palavras,
atos e omissões,

e, batendo no peito, dizem:
por minha culpa, minha tão grande culpa.

Em seguida, continuam:
E peço à Virgem Maria,
aos anjos e santos,
e a vós, irmãos e irmãs,
que rogueis por mim a Deus, nosso Senhor.

O ministro:
Senhor Deus, vós conheceis todas as coisas.
Conheceis também nossa vontade sincera,
de servir melhor a vós e a nossos irmãos e irmãs.
Voltai para nós os vossos olhos
e atendei as nossas súplicas.

Leitor:
— Dai-nos, ó Deus,
a graça de uma verdadeira conversão.

R. Ouvi-nos, Senhor.

— Despertai em nós o espírito de penitência
e confirmai o nosso propósito.

R. Ouvi-nos, Senhor.

— Perdoai nossos pecados e compadecei-vos
de nossas fraquezas.

R. Ouvi-nos, Senhor.

— Fazei-nos confiantes e generosos.

R. Ouvi-nos, Senhor.

— Tornai-nos fiéis discípulos do vosso Filho,
e membros vivos de sua Igreja.

R. Ouvi-nos, Senhor.

Ministro:

— Deus, que não quer a morte do pecador, mas que se converta e viva, receba com bondade a confissão de nossos pecados, e seja misericordioso para conosco, que recorremos a ele, como seu Filho nos ensinou:

Todos prosseguem:

Pai nosso, que estais nos céus,
santificado seja o vosso nome;
venha a nós o vosso reino,
seja feita a vossa vontade,
assim na terra como no céu;
o pão nosso de cada dia nos dai hoje;
perdoai-nos as nossas ofensas,
assim como nós perdoamos
a quem nos tem ofendido;
e não nos deixeis cair em tentação,
mas livrai-nos do mal.

61. A celebração termina com um canto apropriado e a despedida.

VI. CELEBRAÇÃO PENITENCIAL PARA ENFERMOS

62. O ministro, conforme o estado dos doentes e as circunstâncias, dirige-se ao local onde se encontram, ou os reúne na capela ou igreja. Deve adaptar-se cuidadosamente a qualidade e a extensão dos textos às condições dos participantes. Como geralmente nenhum deles pode desempenhar o ofício de leitor, o ministro convide outra pessoa, se houver possibilidade.

TEMA:
TEMPO DE DOENÇA, TEMPO DE GRAÇA

63. a) SAUDAÇÃO

    A saudação pode ser feita com estas palavras ou outras semelhantes:

    Caríssimos enfermos,
    a penitência que Jesus pregou
    é uma mensagem consoladora:
    é a mensagem da caridade e da misericórdia
    que nos dá oportunidade
    de orientar sempre de novo
    a nossa existência para Deus.

Portanto, a penitência é um dom de Deus,
que devemos receber com gratidão.
Manifestemos agora nossa consciência a Deus,
com simplicidade e humildade,
e peçamos que nos reconcilie com ele,
enquanto perdoamos
uns aos outros nossas ofensas.

Se possível, haja um canto penitencial dos doentes, ou de um grupo coral.

64. b) ORAÇÃO

Deus, fonte de toda bondade e clemência,
concedei a vossos filhos e filhas,
reunidos em vosso nome,
espírito de penitência e confiança,
para que, pedindo vosso perdão
e o de nossos irmãos e irmãs,
confessemos sinceramente nossos pecados.
Renovai, Senhor, nesta celebração,
nossa comunhão convosco e com o próximo,
para que vos possamos servir melhor
de agora em diante.
Por Cristo, nosso Senhor.

R. Amém.

65. c) **LEITURAS**

Pode-se fazer uma introdução com estas palavras ou outras semelhantes:

Ingratos e desatentos, desfrutamos muitas vezes da saúde e de outros dons de Deus. No tempo da doença, porém, tomamos consciência da grandeza desses bens, cuja falta facilmente nos leva ao desânimo. Deus permite a doença para provar a nossa fé; além disso, os nossos sofrimentos, suportados em comunhão com os de Cristo, podem ter um grande valor para nós e para a Igreja de Deus. Assim, pois, o tempo da enfermidade não é inútil e sem sentido, mas se converte, para aqueles que sabem aceitá-lo, em tempo de graça. Esta celebração visa despertar em nós esta atitude. Por isso, ouçamos a palavra de Deus, examinemos a nossa consciência, e elevemos as nossas orações.

66.
Tg 5,13-16

Leitura da Carta de São Tiago

Irmãos caríssimos:
¹³ Se alguém dentre vós está sofrendo,
recorra à oração.
Se alguém está alegre,
entoe hinos.
¹⁴ Se alguém dentre vós estiver doente,
mande chamar os presbíteros da Igreja,
para que orem sobre ele,
ungindo-o com óleo em nome do Senhor.
¹⁵ A oração feita com fé salvará o doente
e o Senhor o levantará.
E se tiver cometido pecados,
receberá o perdão.
¹⁶ Confessai, pois, uns aos outros,
os vossos pecados
e orai uns pelos outros para alcançar a saúde.
A oração fervorosa do justo tem grande poder.
Palavra do Senhor.

Entre as leituras pode-se rezar ou cantar um salmo alternadamente (por exemplo, o Sl 129 ou 50).

Sl 129 (130)
Das profundezas eu clamo

– ¹ Das profundezas eu clamo a vós, Senhor, *
² escutai a minha voz!
– Vossos ouvidos estejam bem atentos *
ao clamor da minha prece!

– ³ Se levardes em conta nossas faltas, *
quem haverá de subsistir?
– ⁴ Mas em vós se encontra o perdão, *
eu vos temo e em vós espero.

– ⁵ No Senhor ponho a minha esperança, *
espero em sua palavra.
– ⁶ A minh'alma espera no Senhor *
mais que o vigia pela aurora.

– ⁷ Espere Israel pelo Senhor *
mais que o vigia pela aurora!
– Pois no Senhor se encontra toda graça *
e copiosa redenção.

– ⁸ Ele vem libertar a Israel *
de toda a sua culpa.

Ou:
Sl 50 (51)
Tende piedade, ó meu Deus!

– ³ Tende pie**da**de, ó meu **Deus**, miseri**cór**dia! *
  Na imensi**dão** de vosso amor, purificai-me!
– ⁴ La**vai**-me todo inteiro do pecado, *
  e apa**gai** completamente a minha culpa!

– ⁵ Eco**nhe**ço toda a minha iniqüidade, *
  o meu pe**ca**do está sempre à minha frente.
– ⁶ Foi contra **vós**, só contra vós, que eu pequei, *
  e prati**quei** o que é mau aos vossos olhos!

– Mostrais as**sim** quanto sois justo na sentença, *
  e quanto é **re**to o julgamento que fazeis.
– ⁷ Vede, Se**nhor**, que eu nasci na iniqüidade *
  e peca**dor** já minha mãe me concebeu.

– ⁸ Mas vós a**mais** os corações que são sinceros, *
  na intimi**da**de me ensinais sabedoria.
– ⁹ Asper**gi**-me e serei puro do pecado, *
  e mais **bran**co do que a neve ficarei.

– ¹⁰Fazei-me ou**vir** cantos de festa e de alegria, *
  e exulta**rão** estes meus ossos que esmagastes.

— ¹¹ Desvi**ai** o vosso olhar dos meus pecados *
 e apa**gai** todas as minhas transgressões!

— ¹² Criai em **mim** um coração que seja puro, *
 dai-me de **no**vo um espírito decidido.
— ¹³ Ó Se**nh**or, não me afasteis de vossa face, *
 nem reti**reis** de mim o vosso Santo Espírito!

— ¹⁴ Dai-me de **no**vo a alegria de ser salvo *
 e confir**mai**-me com espírito generoso!
— ¹⁵ Ensina**rei** vosso caminho aos pecadores, *
 e para **vós** se voltarão os transviados.

— ¹⁶ Da **mor**te como pena, libertai-me, *
 e minha **lín**gua exaltará vossa justiça!
— ¹⁷ Abri meus **lá**bios, ó Senhor, para cantar, *
 e minha **bo**ca anunciará vosso louvor!

— ¹⁸ Pois não **são** de vosso agrado os sacrifícios, *
 e, se o**fer**to um holocausto, o rejeitais.
— ¹⁹ Meu sacri**fí**cio é minha alma penitente, *
 não despre**zeis** um coração arrependido!

— ²⁰ Sede be**ni**gno com Sião, por vossa graça, *
 reconstruí Jerusalém e os seus muros!
— ²¹ E aceita**reis** o verdadeiro sacrifício, *
 os holo**caus**tos e oblações em vosso altar!

Mc 2,1-12

✠ Proclamação do Evangelho de Jesus Cristo segundo Marcos

¹ Naquele tempo,
Jesus entrou de novo em Cafarnaum.
Logo se espalhou a notícia
de que ele estava em casa.
² E reuniram-se ali tantas pessoas,
que já não havia lugar, nem mesmo diante da porta.
E Jesus anunciava-lhes a Palavra.
³ Trouxeram-lhe, então, um paralítico,
carregado por quatro homens.
⁴ Mas não conseguindo chegar até Jesus,
por causa da multidão, abriram então o teto,
bem em cima do lugar onde ele se encontrava.
Por essa abertura desceram a cama
em que o paralítico estava deitado.
⁵ Quando viu a fé daqueles homens,
Jesus disse ao paralítico:
"Filho, os teus pecados estão perdoados".
⁶ Ora, alguns mestres da Lei,
que estavam ali sentados,
refletiam em seus corações:
⁷ "Como este homem pode falar assim?
Ele está blasfemando:
Ninguém pode perdoar pecados, a não ser Deus".

⁸ Jesus percebeu logo o que eles
estavam pensando no seu íntimo, e disse:
"Por que pensais assim em vossos corações?
⁹ O que é mais fácil: dizer ao paralítico:
'Os teus pecados estão perdoados',
ou dizer:
'Levanta-te, pega a tua cama e anda?'
¹⁰ Pois bem, para que saibais
que o Filho do Homem
tem na terra poder de perdoar pecados,
– disse ele ao paralítico: –
¹¹ eu te ordeno:
levanta-te, pega tua cama, e vai para tua casa!"
¹² O paralítico então se levantou
e, carregando a sua cama, saiu diante de todos.
E ficaram todos admirados e louvavam a
Deus, dizendo:
"Nunca vimos uma coisa assim".
Palavra da Salvação.

67. d) HOMILIA

O celebrante falará da enfermidade que afeta não tanto o corpo, como o espírito; ou lembrará o poder de Jesus e de sua Igreja para perdoar os pecados, ou o valor do sofrimento oferecido pelo próximo.

68. e) EXAME DE CONSCIÊNCIA

Depois da homilia, faz-se o exame de consciência, podendo-se usar o texto que se encontra no Apêndice III (p. 476). Haverá sempre um momento de silêncio para que cada um o faça de modo mais pessoal.

Pode-se acrescentar as perguntas abaixo, adaptando-as às condições dos enfermos:

– Tenho confiado na bondade e na providência de Deus nos dias de aflição e enfermidade?

– Tenho me deixado levar pela amargura, pelo desespero ou outros pensamentos de revolta?

– Tenho utilizado o tempo de inatividade para examinar minha vida e dialogar com Deus?

– Tenho aproveitado a enfermidade para entrar em comunhão com os sofrimentos de Cristo, que nos remiu com sua paixão?

– Estou convencido, como ensina a fé, de que as dores suportadas com paciência contribuem grandemente para o bem da Igreja?

– Tenho me preocupado com os outros, atendendo aos que sofrem comigo e a suas necessidades?

– Tenho demonstrado gratidão aos que velam por minha saúde e àqueles que me visitam?

- Tenho me esforçado por dar bom exemplo, como convém a um discípulo de Cristo?

- Estou arrependido de minhas culpas passadas, suportando com paciência, para expiá-las, a enfermidade e o sofrimento?

69. f) ATO PENITENCIAL

Após breve silêncio, todos dizem ao mesmo tempo:
Confesso a Deus todo-poderoso
e a vós, irmãos e irmãs,
que pequei muitas vezes
por pensamentos e palavras,
atos e omissões,

e, batendo no peito, dizem:
por minha culpa, minha tão grande culpa.

Em seguida, continuam:
E peço à Virgem Maria,
aos anjos e santos, e a vós,
irmãos e irmãs,
que rogueis por mim a Deus,
nosso Senhor.

Leitor:

Senhor nosso Deus, trazemos o nome de vosso Filho e vos chamamos de Pai. Nós nos arrependemos de vos ter ofendido e prejudicado nossos irmãos e irmãs.

R. Concedei-nos um verdadeiro arrependimento e despertai nosso amor por vós e nossos irmãos e irmãs.

Leitor:

Senhor Jesus Cristo, vós nos remistes com vossa paixão e vossa cruz e nos destes exemplo de paciência e caridade. Nós nos arrependemos de vos ter ofendido, deixando de vos servir e de ajudar nossos irmãos e irmãs.

R. Concedei-nos um verdadeiro arrependimento e despertai nosso amor por vós e nossos irmãos e irmãs.

Leitor:

Senhor, Espírito Santo, vós nos falais na Igreja e em nossa consciência despertando o nosso coração para o bem. Nós nos arrependemos de vos ter ofendido com nossa desobediência e dureza de coração.

R. Concedei-nos um verdadeiro arrependimento e despertai nosso amor por vós e nossos irmãos e irmãs.

Ministro:
Elevemos agora nossa oração a Deus, nosso Pai, para que perdoe nossos pecados e nos livre do mal:

Todos:
Pai nosso, que estais nos céus,
santificado seja o vosso nome;
venha a nós o vosso reino,
seja feita a vossa vontade
assim na terra como no céu;
o pão nosso de cada dia nos dai hoje;
perdoai-nos as nossas ofensas,
assim como nós perdoamos
aos que nos têm ofendido;
e não nos deixeis cair em tentação,
mas livrai-nos do mal.

70. Se parecer oportuno, o grupo coral ou os fiéis reunidos entoarão um canto, e a celebração termina com a ação de graças:

71. Deus consolador e Pai de misericórdia, que perdoais os pecados daqueles que vos glorificam:

R. Nós vos louvamos e bendizemos.

Deus consolador e Pai de misericórdia,
que pelos nossos sofrimentos
nos tornais participantes da paixão de vosso Filho
para a salvação do mundo inteiro:

R. Nós vos louvamos e bendizemos.

Deus consolador e Pai de misericórdia,
que amais os que sofrem e choram,
concedendo-lhes a esperança da salvação
e prometendo-lhes o prêmio da vida eterna:

R. Nós vos louvamos e bendizemos.

Oremos.
Vossa bondade, Senhor, é imensa
e infinita a vossa misericórdia;
nós vos damos graças pelos dons que recebemos
e vos suplicamos humildemente:
olhai esta vossa família
reunida em nome de vosso Filho,
dando-lhe uma fé viva,
firme esperança
e um sincero amor por vós e pelo próximo.
Por Cristo, nosso Senhor.

R. Amém.

Ou:

72. Em vez da oração, a celebração pode terminar com uma bênção:

Que o Deus da paz
encha os vossos corações de todo o bem,
para que, fortalecidos com a sua esperança
e consolação,
e vivendo segundo a sua vontade,
alcanceis a salvação eterna.
Isto e todo o bem vos conceda
o Deus todo-poderoso,
Pai, e Filho, ✠ e Espírito Santo.

R. Amém.

---

73. O ministro despede a assembléia e convida os presentes a um colóquio cordial com os enfermos.

Apêndice III

ESQUEMA PARA EXAME DE CONSCIÊNCIA

1. O esquema que se propõe aqui para exame de consciência deve ser completado e adaptado segundo os costumes do lugar e a diversidade de pessoas.

2. Quando se faz o exame de consciência para receber o sacramento da penitência, convém que cada um medite, antes de tudo, sobre o seguinte:

   1) Eu me aproximo do sacramento da penitência com desejo sincero de purificação, conversão, renovação de vida e amizade mais profunda com Deus? Ou, pelo contrário, o considero como um fardo que se deva receber raramente?

   2) Tenho esquecido ou omitido deliberadamente algum pecado grave em minhas confissões anteriores?

   3) Tenho cumprido as penitências que me foram impostas? Tenho reparado as injustiças come-

tidas? Tenho me esforçado por colocar em prática os propósitos de ajustar a minha vida ao Evangelho?

3. Cada um examine sua vida à luz da palavra de Deus.

I. **O Senhor disse: "Amarás o Senhor teu Deus de todo o coração".**

1) Está meu coração voltado para Deus, a ponto de amá-lo verdadeiramente sobre todas as coisas, como um filho a seu pai, cumprindo fielmente seus mandamentos? Ou, pelo contrário, me tenho preocupado mais com coisas terrenas? Tenho pureza de intenção em minhas obras?
2) Tenho verdadeira fé em Deus que nos falou por intermédio de seu Filho? Tenho aderido com firmeza à doutrina da Igreja? Tenho me preocupado em adquirir a instrução cristã, ouvindo a palavra de Deus, participando da catequese, evitando o que atenta contra a fé? Tenho professado sempre com coragem e destemor a fé em Deus e na Igreja? Tenho me portado como cristão na vida pública e particular?

3) Tenho feito as orações da manhã e da noite? A minha oração é um verdadeiro diálogo com Deus ou apenas um ritual externo? Tenho oferecido a Deus os trabalhos, alegrias e sofrimentos? Tenho recorrido a ele nas tentações?

4) Tenho demonstrado reverência e amor pelo nome de Deus, ou tenho ofendido a Deus com blasfêmias, juramentos falsos ou falta de respeito? Tenho desrespeitado a Santíssima Virgem ou os Santos?

5) Tenho honrado o dia do Senhor e os dias santificados, participando das reuniões litúrgicas sobretudo da Missa, de maneira ativa, piedosa e atenta? Tenho observado o preceito da confissão anual e da comunhão pascal?

6) Tenho talvez outros deuses, como as riquezas, as superstições, o espiritismo, ou a macumba, confiando neles mais do que em Deus?

II. O Senhor disse: "Amai-vos uns aos outros, como eu vos amei".

1) Tenho verdadeiro amor ao meu próximo, ou tenho abusado de meus irmãos, utilizando-os para meu proveito pessoal e fazendo a eles o

que não desejo para mim mesmo? Tenho sido para eles causa de grave escândalo com minhas palavras ou ações?

2) Tenho contribuído para o bem e a alegria dos demais membros da minha família, pela paciência e o amor sincero? Tenho sido obediente aos meus pais, respeitando-os e ajudando-os em suas necessidades materiais e espirituais? Tenho me preocupado pela educação cristã dos filhos, ajudando-os com o bom exemplo e a autoridade paterna? Tenho sido fiel a meu esposo ou esposa em meus desejos e relações com os outros?

3) Tenho dividido os meus bens com os mais pobres que eu? Tenho feito o possível para defender os oprimidos, socorrer os necessitados e ajudar os pobres? Ou, pelo contrário, tenho desprezado o próximo, sobretudo os pobres, os doentes, os anciãos, os estrangeiros e os homens de outra raça?

4) Tenho me lembrado da missão recebida na Confirmação? Tenho participado das obras de apostolado e caridade da Igreja e da paróquia? Tenho prestado minha ajuda à Igreja e ao mundo e rezado pelas suas necessidades, como, por exemplo, a união dos cristãos, a

evangelização dos povos e o reinado da paz e da justiça etc?

5) Tenho me preocupado com o bem e o progresso da comunidade em que vivo, ou somente com minhas vantagens pessoais? Tenho participado, de acordo com minhas possibilidades, na promoção da justiça, da honestidade dos costumes, da concórdia, da caridade e tenho cumprido meus deveres cívicos? Tenho pago os impostos?

6) Tenho sido justo, responsável e honesto em meu trabalho ou profissão, servindo com amor a sociedade? Tenho remunerado os operários e aqueles que servem, com justo salário? Tenho cumprido meus compromissos e contratos?

7) Tenho obedecido e respeitado as autoridades constituídas?

8) Uso meus cargos ou autoridade para meu interesse pessoal ou para o bem dos outros?

9) Tenho sido leal e verdadeiro? ou tenho prejudicado os outros cem palavras falsas, calúnias, detrações, juízos temerários, violação de segredo?

10) Tenho prejudicado a vida, integridade física, fama, honra ou bens do próximo? Tenho acon-

selhado ou praticado o aborto? Tenho odiado o próximo? Tenho me afastado do próximo por desentendimento, inimizade, ou injúrias? Tenho recusado, por culpa ou egoísmo, a dar testemunho da inocência do próximo.

11) Tenho roubado, prejudicado ou desejado injustamente os bens do próximo? Tenho procurado restituir o alheio e reparar o dano?

12) Tenho estado pronto para perdoar ou fazer as pazes, por amor de Cristo? ou tenho guardado ódio ou desejos de vingança?

III. O Senhor Jesus Cristo diz: "Sede perfeitos como vosso Pai celeste é perfeito".

1) Qual é a orientação fundamental de minha vida? Estou animado pela esperança da vida eterna? Tenho me esforçado por progredir na vida espiritual, por meio da oração, da leitura da palavra de Deus, da participação nos Sacramentos e da mortificação? Estou disposto a reprimir os vícios, as más inclinações e paixões como a inveja e a gula? Tenho sido soberbo e vaidoso, menosprezando os demais e julgando-me superior a eles? Tenho sido presunçoso diante de Deus? Tenho imposto aos

demais minha vontade, sem respeitar a liberdade e os direitos alheios?

2) Que uso tenho feito do tempo, das forças e dos dons recebidos de Deus como os "talentos do Evangelho"? Tenho feito uso destas coisas para buscar a perfeição ou tenho sido ocioso e preguiçoso?

3) Tenho suportado com paciência as dores e contrariedades da vida? Como tenho mortificado meu corpo para completar "o que falta à paixão de Cristo"? Tenho observado a lei da abstinência e do jejum?

4) Tenho cuidado de meus sentidos, guardando meu corpo casto como templo do Espírito Santo, destinado à ressurreição e à glória, e como sinal do amor que Deus tem pelo homem e a mulher, simbolizado plenamente no Sacramento do matrimônio? Tenho manchado meu corpo com más ações, palavras e pensamentos impuros? Tenho consentido em maus desejos? Tenho-me entregue a leituras, conversações, espetáculos e diversões desonestas? Tenho sido causa, com meu exemplo, do pecado dos outros? Tenho observado a lei moral no uso do matrimônio?

5) Tenho agido contra minha consciência por temor

ou hipocrisia?

6) Tenho procurado agir sempre na verdadeira liberdade dos filhos de Deus, segundo a lei do Espírito, ou tenho sido escravo de minhas paixões?

SUMÁRIO

Aprovação 4
Promulgação 5
Apresentação 7
Apresentação da 2ª edição revista 10
Decreto de Aprovação da tradução para
o Brasil, da Sagrada Congregação
para o Culto Divino 12
Decreto da Sagrada Congregação
para o Culto Divino 13

Introdução Geral
 I. Ministério da reconciliação na
    história da salvação 19
 II. A reconciliação dos penitentes na vida
    da Igreja 23
 III. Funções e ministérios na reconciliação
    dos penitentes 32
 IV. Celebração do sacramento da penitência 36
    A. Rito para a reconciliação individual
       dos penitentes 38

B. Rito para a reconciliação de
vários penitentes com confissão e
absolvição individuais 43

C. Rito para a reconciliação de penitentes
com confissão e absolvição geral 48

V. Celebrações penitenciais 52

VI. Adaptações do rito às diversas regiões
e circunstâncias 55

Capítulo I
Rito para a reconciliação individual dos penitentes 59

Capítulo II
Rito para a reconciliação de vários penitentes com Confissão e absolvição individuais 81

Capítulo III
Rito para a reconciliação de vários penitentes com confissão e absolvição geral 161

Capítulo IV
Leituras bíblicas 169
- Leituras do Antigo Testamento 171
- Salmos responsoriais 238
- Leituras do Novo Testamento 264
- Evangelhos 313

Apêndices

Apêndice I
Absolvição de censuras 363
   Dispensa de irregularidade 364

Apêndice II
Exemplos de celebrações penitenciais 365
- Preparação das celebrações penitenciais 365
  I. **Celebrações penitenciais durante a Quaresma** 367
  II. **Celebração penitencial no tempo do Advento** 396
  III. **Celebrações penitenciais ordinárias** 411
  IV. **Celebração penitencial para crianças** 443

V. Celebração penitencial para jovens 450

VI. Celebração penitencial para enfermos 461

Apêndice III
Esquema para exame de consciência 476

ISBN 85-356-0332-8